두 하늘 황이천

두 하늘 황이천

일정하 사찰 형사의 회고
내가 내사한 불법연구회(원불교)

장도영 엮음

원불교출판사

추천사

두 하늘 이야기

김형수
『소태산 평전』 작가

1

원불교의 이미지는 한없이 검소하고 순박하기만 하다. 교무님들의 복장이나 행동거지에서 느껴지는 단정한 문화에는 어떤 절제의 의지가 완강해 보인다. 하지만 그것을 만들어낸 불법연구회는 얼마나 뜨겁고 치열한 역사를 지불해 왔는지 모른다. 나는 『소태산 평전』을 쓰던 무렵 초기 교단사의 일화를 접할 때마다 가슴이 먹먹해지곤 했다. 성자 소태산의 서사는 평탄한 일상 위에서 돌출된 신기한 이야기가 아니라 온 세상이 풍비박산 나는 환란(患亂)의 바다에 펼쳐진 일대 반전의 드라마였다. 그 전말을 이해하기도 쉽지 않지만 남에게 전하기도 어렵기 그지없었다.

나는 '진리의 세계'가 아니라 '매혹의 세계'를 그리겠노라고 방어벽을 치고 집필에 들어갔다. 작가가 소태산의 일대기를 그리는 일은 독서시장에서 일어나는 문학적 행위이니 혹여 역사 기록으로 접근하지 말아 달라는 시그널을 사용한 것이다. 그리하여 원불교 사료에는 생략된 시대상을 복구하기 위해 서두를 하층 여인으로 장식하고 대미를 일제 순사로 끝맺었다. 소태산 신화가 만들어지는 과정을 지켜본 발견자 이야기를 앞에 달고 소태산의 일거수일투족을 관찰한 감시자 이야기를 꼬리에 붙인 것이다. 나는 지금 나올 책 『두 하늘 황이천』을 앞에 두고 그때 내가 선택한 구상이 제법 기특하게 여겨지는 것을 어쩔 수 없다.

글 쓰는 자에게는 불가피하게 서술자의 주관이 생기게 마련이다. 어떤 사물이나 광경을 바라보는 하나의 시선이 탄생해야 소위 문체의 '시점'이라는 것이 확보되는 탓이다. 까닭에 문학적 언술의 대상이 되는 자는 늘 우상화나 명예훼손의 위험이 따르는 것을 감수하지 않을 수 없다. 당시의 내게는 이 책의 좌담처럼 훌륭한 사료가 발견되지 않았으니, 전기적 평가의 중요한 부분을 추리와 논

중에 의존하지 않을 수 없었다. 가령, 당대의 정세를 고려할 때, '도산 안창호의 방문으로 일경이 긴장했을 것은 불을 보듯이 환하다. 그렇다면 소태산 생애의 후반부는 일제와의 대결 속에서 펼쳐졌을 수밖에 없다.' 이 같은 가상을 세워놓고 연대기의 빈칸을 채워간 셈인데, 놀랍게도 그 모든 것이 실제 사실이었음을 이 책은 증명하고 있다. 감개무량한 일이다.

2

애초에 내가 접한 자료는 소박하기 이를 데 없었다.

황 순사는 당시 성실한 직업인이었다. 원불교 내사도 세밀하고 철저히 하였다. 그는 회고에서 밤으로는 담을 넘어 다니면서까지 엿들어 가면서 정보 수집에 열중하였다고 고백하고 있다.

일제 강점기에 이렇게 불법단체를 적발하고자 내사를 나온 순사가 오히려 그곳의 제자를 자처하게 되는 사례는 참으로 소설 같은 반전에 속한다. 나는 그런 맥락이 궁금하여 박용덕 교무의 『초기교단사』를 뒤지고, 문학적 추론과 상상을 더한 끝에 소태산을 객관화할 타자의 눈길 하나를 얻었다.

문제의 발단은 1935년 도산 안창호가 총부를 방문하는 것으로 시작된다. 그리고 소태산을 만난 자리에서 안창호는 고등계 형사의 미행 하에 극도로 절제된 발언을 할 수밖에 없었다. "나는 내 발이지만 어디를 마음대로 갈 수도 없고, 내 입이지만 누구에게 말할 수도 없다. 여기서 속을 털어놓고 얘기하면 박 선생도 나 때문에 불편을 겪으실 것이다." 막상 대면하고 보니 그같은 방문이 경솔할 수도 있겠다는 생각을 했던 것 같다. 그래서 "반항도 좋고 투쟁도 좋지만 참으로 민족대계는 박 선생 같은 정신운동이 더 소중하다고 생각한다." 해놓고 급히 자리를 뜬다.

사료는 이를 너무 평범하게 다루었던 게 아닌가 한다. 나는 『소태산 평전』의 후일담을 전하는 자리에서 그에 대한 소감을 이렇게 말했다.

이 자료를 처음 접했을 때는 얼핏 원불교의 '자기 홍보'가 아닌지 오해를 불러일으키는 측면이 없지 않았습니다. 나중에 정신이 번쩍 들었어요. 이것은 아주 중요한 사건입니다. 여기서 팔타원 황정신행의 활동을 상기할 필요가 있는데, 그분이 당대 조선 지식인의 상징물인 이광수를 끌어들이려 하지만 그마저도 거부한 단체가 바로 불법연구회입니다. 그 시절에 이광수와 안창호의 홍보 가치를 비교할 수 있을까요? 이광수는 효과가 엄청나고 위험은 거의 없는 경성 근대 지식인의 상징물이요 안창호는 효과에 비해 위험 부담이 너무 큰 노출된 독립운동가입니다. 바로 이 도산 안창호의 방문을 기점으로 불법연구회는 일경의 혹독한 감시체제에 들어갑니다.

익산 총부를 관할에 둔 경찰서는 난데없는 일격을 맞은 셈이었다. 조선의 내로라하는 지도자가 감복하는 단체를 그간 방치한 책임을 문책 받고 비상대책을 강구했을 것은 자명한 수순이다. 이내 총부에 전담 주재소가 들어서는데, 이때가 1936년. 당시 불법연구회는 세 사람이 독립운동과 연관되어 요시찰 혹은 요주의 인물로 감시

받고 있었다. 영산 박대완, 유산 유허일, 송현풍.

이것이 회상의 존폐문제와 직결되는 것을 방비하기 위해 소태산이 살얼음판을 딛고 가는 과정을 촘촘하게 추적한 글은 아직 본 적이 없다. 하지만 객관 정세는 삼엄하기 이를 데 없었다. 1937년 4월에 세상을 발칵 뒤집어 놓는 뉴스가 보도되는데, 그 유명한 '백백교 사건'이 터진 것이다. 동학 계에서 파생된 백백교의 교주 전용해(全龍海·42)가 농민들의 재산을 갈취하고, 부녀자를 능욕해오다가, 이탈하는 신도들을 무려 314명이나 살해하여 암매장했다는 사건인바, 언론은 때를 만난 듯이 소위 사이비 종교의 비리를 폭로하기에 열을 올린다. 백백교에서 시작되어 보천교 태을교 삼성교 등을 다루다 나중에는 불법연구회조차도 '유사종교 소굴 탐방기'라는 근거 없는 오보를 내놓는 덤터기를 씌운다.

백백교 사건은 실로 암울했던 시기에 실의에 빠진 민족의 정신적인 방황의 일부였을 터이나 일제는 이를 조선의 사상결사체들을 탄압할 절호의 명분으로 삼고 모든 신흥종교 단체를 유사종교로 단정하고 해산시킬 방책을 내놓는 것이다. 제국주의자들에게 식민지에서 사상가가 출현하는 일만큼 위험한 사태는 없다. 성자가 나오면 민심이 결집될 것은 말할 것도 없고, 윤리적 구심이 체제 밖으로 이동된다. 성자의 존재 자체가 하나의 독립운동이 된다는 말이다. 까닭에 일제는 신통도인에 특히 주목했는데, 소태산은 그런 혐의로 영광에서 연행된 적이 있고, 금산사 방문 때도 구금된 전력이 있었다.

아무리 그럴듯한 단체라도 첫째 남녀문제, 둘째 재정문제로 털면 먼지가 나지 않는 곳은 없다는 것이 당시 일경들의 생각이었다고 한다. 당연히 불법연구회도 내사의 대상이 되었는데, 이때 이리경찰서장과 고등주임에게 감시의 특명을 받은 순사가 황가봉이다.

> 보천교는 강재령이란 사람이 들어가고 여기는 내가 들어왔는데, 이 불법연구회를 부수면 재산을 나에게 불하해주겠다는 약속을 받고 들어왔습니다.

지금이야 '일개 순사'로 받아들이기 십상이지만 당시에는 불법연구회의 생사여탈권을 쥐고 있는 저승사자에 다름없었다. 황가봉의 입장에서 보면 당시의 정세에서 이 정도의 단체는 무엇을 악의적으로 왜곡할 것까지도 없이 그냥 냉소하는 태도를 조금 보이는 것만으로도 얼마든지 위험에 빠트릴 수 있었다. 한 예로 조선총독부 경무국장이 내방해서 왜 황은(皇恩)의 위패를 모시지 않았느냐고 직격탄을 날렸던 일을 떠올려 보면 된다.

> 경무국장이 전부 나가라고 하더니만 나 혼자 앉혀놓았습니다. 거기는 모두 일본 고위직 경찰관들이고 조선 순사로는 나 한 명뿐인데 경무국장이 "자네가 여기서 여러 해 시찰해 봤으니 그사이 본 견해로는 이 단체를 어떻게 보느냐?"는 것입니다. 제가 주저할 것 같으면 큰일 나는데 종사님이 확연히 말씀해주셨기에 저도 힘을 얻었습니다. 저는 간단히 "제가 보는 견해로는 이 단체는 좋은 단체로 봅니다."라고 엉겁결에 그렇게 말해 버렸습니다.

경무국장이 그에 대한 후사를 다그쳤을 때 그는 자신이 책임질 수 있다는 답변까지 해놓고는 죽을 고비를 넘겼다는 소회를 밝힌 바 있다.

이 대목에서 황가봉이 '가난' 때문에 순사가 되었다는

점을 상기해보는 것은 중요한 일이다. 그는 25대1의 경쟁률을 뚫고 순사 고시에 합격한 뒤에도 벽지 근무자의 월급이 크기 때문에 무주 진안을 부임지로 신청한 사람이었다. 출장비를 벌기 위해 외식도 하지 않았다고 고백한다. 그런 처지에 소위 유사 종교 하나를 해체하면 소속 재산을 불하받을 권한을 부여받았으니, 불법연구회 내사 임무는 실로 엄청난 기회였을 것이 틀림없다. 그런데도 그는 회상을 파괴하는 길을 가는 것이 아니라 역으로 회상에 동화되는 전철을 밟는다. 머나먼 두 하늘을 가로지르는 선택을 하게 된 셈이다.

3

나는 원불교가 이 순사 이야기를 매우 진지하게 접근하지 않으면 안 된다고 본다. 비유하자면 그는 원불교의 초기 교단에 던져진 리트머스 용지였다. 그로 인해 검증된 사실이 한둘이 아니다.

첫째, 그는 소태산의 사상이 현실에서 작동하는 방식을 들여다볼 수 있는 창이 되었다. 나는 『소태산 평전』의 주제를 "폭력은 현실 안으로의 도피요 신비주의는 현실 밖으로의 도피이다."에 두었다. 소태산은 기골이 장대하고 이적(異蹟)의 능력도 없지 않아서 일제 순사들이 무서워했다. 방언공사 시절에 연행할 때 영광경찰서에서 장사로 알려진 순사조차 겁을 먹고 몇 걸음 쳐져서 걸었다고 한다. 그런 이가 혁명의 길도 아니고 도사의 길도 아닌 '회상 건설'에 매진하는 모습에 황가봉은 매우 감동했음이 틀림없다. 그래서 놀랍게도 조선의 사상가에게 신사참배를 피할 기회를 제공하는데, 이는 실상 엄청난 예우에 속한다 할 것이다. 나아가 일제가 소태산을 '조선의 간디'라고 평했던 사실은 그를 방해하는 최전선의 감시자가 없으면 허구가 된다. 소태산의 현실 대응 방식이 일제와 길항하지 않으면 결코 명명될 수 없는 표현인 까닭이다. 돌이켜보면, 황가봉은 근접 감시자로서 자신의 임무를 결코 소홀히 한 바 없다. 처음에 불법연구회의 외부자로 등장하여 시간이 흐를수록 점점 동일자의 전철을 밟아가는 과정에는 위태로운 모험의 길을 가는 자의 긴장감이 서려 있다. 그는 '종사님!'께 자신의 신분을 고하는 정직성과 불법연구회를 최대한 객관적으로 감시하겠다고 말했지만 사실은 불법연구회가 오히려 훌륭한 감시자에 의해 역설적으로 자기 정체성, 존재의 건강성을 보장받는 결과를 얻는다.

둘째, 그는 소태산의 열반에 담긴 이면(裏面)의 비밀을 밝히는 증언자였다. 도산 안창호의 방문으로 시작된 '사상 탄압'의 전말을 황가봉의 눈길이 아니면 무엇으로도 증명할 길이 없다. 특히 성자가 생애의 마지막 시간에 이리경찰서의 반응에 촉각을 세웠던 이유에 대해 내가 읽은 자료들은 대부분 침묵하고 있었다. 오직 황가봉만이 그 점을 특정하여 성자의 죽음이 '스스로 선택한 것'이라는 해석을 내놓는다. 그렇다면 성자가 후천개벽의 공동체를 지키려고 일부러 목숨을 내놓았단 말인가? 아무도 그렇게 말할 수 없지만 경찰서의 시계는 정확히 그것을 가리키고 있었다. 황가봉은 말한다.

> 살아계셨으면 원기 27, 28년에 분명히 황도 간판을 붙였습니다. (…) 그때 하루만 황도불교 간판을 걸었어도 불법연구회가 해방 후 유지되지 못했을 것입니다.

황가봉은 이를 감지하고 근심했던 유일한 사람인지도 모른다. 그가 총부를 감시하던 시절에 「매일신보」는 '서안반월기(西安半月記)'라 해서 중국 서안사건 이야기를 연재하고 있었다. 서안사건은 1936년 중국 동북군 장학량이 장개석을 구금하고 제2차 국공합작으로 반제투쟁에 나서게 되는 사건인데, 이때 소태산의 시야가 조선을 넘어 국제정세를 향해 열려 있었던 사실을 그가 알고 '종사님!'과 의견을 나누는 대목은 실로 아찔한 바가 없지 않다. '천하농판'처럼 구는 소태산이 중국의 정세 동향을 분석하고 있었던 것은 얼마나 위험한 일이었는지 모른다. 훗날 해방을 맞았다고 말하는 나라에서 이보다 훨씬 경미한 사안도 '내란음모죄'로 몰렸던 사례가 셀 수 없이 많았다.

셋째, 그의 질문을 통해 법신불 신앙의 중요성이 재인식된다. 당시 익산 총부는 일본어를 쓰지 않아도 되고, 일본 이름을 일본식 발음이 아니라 한자 음사로 읽어도 될 정도였으니, 그 상태 그대로 타자의 개입이 없었으면 집단적 자의식이 비대해질 수도 있었을 것이다. 활어가 사는 어항에는 새끼 상어를 풀어놓는다고 한다. 예방주사의 원리인 것이다. 그 점에 대해 황가봉은 이렇게 증언한다.

> 이천 : 종사님도 육신을 가지신지라 어느 때인가는 열반하실 텐데 종사님이 열반하신 뒤에도 이 불법연구회가 그대로 계승되어 나갈까요?
> 종사주 : 그렇지. 그 의심을 가져야지. (…)
> 이렇게 말씀 끝에 참으로 좋은 말을 물었다 하시면서 그 즉시 사무실로 주산 송도성을 불러 그 자리에서 솔성요론 제3조 〈사람만 믿지 말고 그 법을 믿을 것이요〉를 제1조로 하라 하시면서 기뻐하셨다.

결국, 불법연구회에서는 황가봉 순사의 개입이 감시활동과는 별개로 바깥공기와 통하는 하나의 환풍구 같은 역할을 하고 있었던 셈이다.

넷째, 그는 소태산의 마지막 대화를 들었던 사람이다. 기록에 의하면, 소태산이 열반하기 전 병실 출입은 주치의에 의해서 금지돼 있었다. 병실 밖은 스승을 보려고 몰려든 제자들이 줄지어 대기해 있고, 입실 허가를 받지 못한 제자들이 안타까워서 발을 동동 구르는 중인데, 안에서 문이 열리더니 황가봉을 부른다. 소태산이 생애의 마지막 시간에 무슨 생각을 하고 있었는지를 증명하는 장면이다. 그 상황에서도 이틀 전 경찰서장 회의에서 불법 연구회를 어떻게 처분하겠다는 말이 나오지나 않았는지 걱정되어 묻자 황가봉은 별다른 지시가 없었다고 답한다. 그리고 꽤 의미 있는 대화가 나오려는 찰나에 그가 병실을 나서서 300미터를 걸어서 경찰서에 닿자마자 전화벨이 울렸으니, 그 짧은 시간 동안 병실에는 세 사람이 더 다녀간 것으로 되어 있다. 사산, 김형오, 조전권이 그들인데, 모두 "언제 왔냐?" "사흘 됐습니다." "그러냐." 같은 단답형 말을 주고받았다. 여기서 주목할 것은, 대화는 서로 다르기 때문에 생겨나고 독백은 서로 같기 때문에 생겨난다는 사실이다. 소태산은 병문안을 온 제자에게 모두 마음을 안심시키고 되돌려 보냈지만 황가봉만은 가지 못하도록 붙잡고자 했다. 마치 '끝내지 못한 일'이 남아 있었던 것 같은 느낌인데, 정작 황가봉은 그 말을 못 듣고 말았다. 그렇다면 소태산의 마지막 대화는 "잠깐 기다려라."가 된다. 현재진행형의 상태로 끝난 그 마지막말의 함의를 추정하려면 그 앞에 나누었던 대화를 눈여겨보지 않을 수 없다.

  종사주 : 이천, 식은 밥 한 덩이가 그리 큰 것이 아냐.
  이천 : 제가 그게 크다고 합니까?

 더 이상 두 하늘을 왔다 갔다 하지 말고 이제 그만 이실직고를 해달라는 뜻이었을까? 소태산이 생의 마지막 힘을 모아서 촉각을 기울였던 자리에 발생한 이 여백에서 나는 황가봉이 끝내, 종사님도 이제 황도 불교 간판을 걸어야 합니다, 하는 말을 내놓을 수가 없어서 자리를 슬며시 떴을지 모른다는 상상을 해본다. 그렇다면 지금의 원불교는 소태산 대종사의 마지막 말 "잠깐 기다려라."의 시대를 아직 지속하고 있는지 모른다.

4

 문학적으로 해석한다면, 황가봉은 정직하고 편견이 없으며 자기중심을 잃지 않는 성격이었다. 내사를 나온 순사에게 식비까지 청구하는 것을 보고 상대방의 떳떳함을 읽어내는 사례에서 알 수 있듯이 그는 알량한 자기연민의 미망에 사로잡히거나 허상에 말려들지 않는 인간형이었음이 틀림없다. 그런 황가봉의 성품을 두고 소태산은 보화성이 뛰어나다고 했고, 경무국장은 "조선인 순사가 인격자."라고 했다. 과연, 소태산은 그에게 이천(二天)이라는 법명을 주는데, 나는 이 이름에 담긴 '명명(命名)의 의미'가 결코 작지 않다고 본다.

황가봉의 법명에 대해 그간 원불교에서 내린 해석은 크게 두 가지이다.

하나는 당시 교정원장 송도성, 총부 교무 유허일이 '선후천'을 의미한다고 해준 것인데, 당시 이분들 앞에서는 친일파들의 허튼수작이 추호도 통할 수 없다는 것을 누구보다도 황가봉 자신이 잘 알고 있었다. 그 엄청난 신뢰가 이 책에 나오는 2부 좌담 '일제하 교단 수난사 내막'의 놀라운 자유로움을 만들어주었을 것이다.

다음으로, 황가봉의 열반 때 대산종사의 법문에 '이천'에 대한 의미심장한 해석이 나온다.

대종사님께서는 선생을 통해 무저항 비폭력의 원만한 일원의 진리를 몸소 보여주셨으며, 나아가 이천이란 법명을 주시어 장차 일본이 물러나고 이 나라의 해방과 독립이 이루어질 것을 예시하시어 암담하고 참담하였던 국민에게 큰 희망과 굳센 용기를 갖도록 하였다.

　황가봉의 고단한 삶에 안겨준 참으로 위안이 되는 어록이 아닌가 한다.

　그러나 나는 사실 소태산이 정작은 다른 계기로 이름을 주었을 것 같다는 생각을 해본다. 본디 황가봉의 이름에 사용되는 글자 새 봉(鳳)은 성인이 세상에 날 때 함께 나타나는 환상의 새라는 뜻을 갖는다. 그 앞에, 좌담에서 가짜 가(假)라고 묻자 펄쩍 뛰면서 빌 가(假)라고 응대했던 글자를 붙이면 그 역시 두 하늘이라는 뜻이 된다. 그래서 이천이라는 이름이 솔성요론의 1조와 3조가 바뀌는 것과 같은 착상에서 나오지 않았을까 하고 추정해보는 것이다. 큰 눈으로 보면 황가봉은 처음에는 대종사님을 따르되 법은 안 따랐으나 나중에는 대종사님을 잃었으되 법은 따른다. 하지만 이실직고 보자면 결국은 셋 다 같은 뜻이 된다. 황가봉은 그 험난한 시대에 두 하늘을 가로지른 '봉(鳳)' 같은 위인이었던 것이다.

5

이렇게 지나간 삶을 뒤적이다 보면 인생은 격류에 떠밀려 가는 나뭇잎 같은 느낌이 든다. 개인의 의지가 개입될 수 없을 것 같은 그 거침없는 흐름 속에서도 그러나 결국은 각자의 운명을 만들어가는 것은 각자가 될 수밖에 없다. 황가봉의 족적은 운명 하나하나가 얼마나 오묘한 것인가를 실감케 한다. 낱낱의 영혼들은 출발이 잘못되어도 얼마든지 처처불상 사사불공을 통해서 일원 사은의 자리에 가 닿을 수 있다.

1947년 3월 「전북신문」에 '불법연구회를 괴롭힌 악질 고등형사 황가봉수 체포'라는 기사가 대서특필된다. 그는 곧 반민특위에 체포되고, 불법연구회를 감시할 때의 악행을 말하라 하니, "내가 경찰관으로서 죄 없다고는 않겠소. 그러나 불법연구회 운운 문제는 제하고 다른 죄를 물으시오." 하면서 자신에게 정신적으로나 물질적으로 박해를 받았다는 사람이 있다면 자결할 것이라고 답한다. 과연 불법연구회에서는 불연 탄압은 어불성설이니 신문을 취소해달라는 의견을 보낸다.

　괴로운 현실이지만 이후 역사는 친일 경력이 있어야 기득권층에 편입될 수 있는 파행을 다시 겪는다. 반전에 반전이고 또 반전에 반전이다. 이때도 황가봉은 남은 생을 자신이 내사했던 스승의 뜻을 살리는 데 모두 바친다. 놀라운 행적이 아닐 수 없다. 까닭에, 나는 이천 황가봉의 출현이야말로 불법연구회에 주어진 엄청난 선물이 아닌가 하지만, 이 같은 작가의 생각이 얼마든지 좁은 소견일 수 있음 또한 고해두지 않을 수 없다.

엮은이의 말

"그분은 대호법(大護法)이 되어도 몇 번이나 되실 분이지. 좌산 상사님께 여쭈면 자세히 알 수 있을 걸세."

법산 이백철 원로 교무님의 말씀이다.

"그분이 드러날수록 대종사님의 거룩하심이 더욱더 드러나지."

좌산 상사님의 말씀이다.

두 분 스승님의 말씀을 받들고 '붕산(鵬山) 황이천' 선진님에 대해서 많은 궁금증이 생기기 시작했다. 붕산님을 『대종경』실시품 제12장에 나오는 선진님 정도밖에 모른다. 당시 불법연구회를 감시하기 위해 파견되어 사찰을 하다가 대종사님의 인품에 감화되어 오히려 불법연구회의 어려운 국면들을 돌파할 수 있도록 도와주신 분이라고 말이다.

그런데 두 스승님의 말씀을 받들고 본격적으로 붕산님에 대해서 연구해 본 결과는 "인격에 감화되어 전향(?)을 하고 그래서 이천(二天)이라는 법명을 받는" 정도의 상황이 아니었다.

일제의 민족종교 말살 정책으로 조그마한 잘못이라도 있으면 그것을 트집 잡아 강제로 문을 닫게 하는 급박한 상황 속에서 네 번이나 스스로 방패가 되어 위기를 모면할 수 있도록 하신 분이었다.

붕산님의 법명 이천(二天)이 뜻하듯이 전향 전과 전향 후의 공과(功過)를 놓고 설왕설래할 수도 있다. 하지만 정말 그분이 아니었다면 오늘의 원불교가 건재할 수 있었을 것인가를 생각하면 만시지탄(晩時之歎)의 한이 없지 않다. 이제라도 붕산님에 대한 합당한 재평가를 하는 것이 후진의 도리라고 생각한다.

나는 붕산님과 전생에 어떤 인연이었는지 알 수 없으나 금생에서는 아무 인연도 없다. 『대종경』 실시품의 붕산님과 학창 시절에 '보은법회'에서 들은 선진 일화 속에서 간혹 접했던 정도일 뿐이다.

그런데 정년퇴임을 앞두고 익산에 있는 모현교당으로 부임하여 교도들의 신상을 파악하던 중 붕산님의 외손녀 '이금성' 교도가 있다는 것을 알게 되었다. 모현교당에서는 열반하신 교단 선진님과 인연이 있는 교도들의 명단을 매년 6·1대재와 명절대재 유인물에 게재를 하는데 유독 붕산님과 이금성 교도가 빠져 있었다.

그래서 이금성 교도를 설득(?)하여 그 이후의 유인물에 명단을 올렸다. 그리고 그 과정에서 붕산님의 기록이 원티스 상에 많이 누락되어 있는 것을 알게 되었고, 오류도 발견하여 수정 첨삭을 하기도 했다. 이런 작업을 하는 동안에 정말 붕산님이 어떤 분일까 하는 궁금증이 생기기 시작했고, 지금 생존해 계시는 원로님들 중에서 그 당시 상황을 기억해 주실 분으로 법산 이백철 원로 교무님을 찾아뵙고 말씀을 받들게 되었고, 좌산 상사님의 말씀을 받들면서 본격적으로 연구하기 시작했다.

말이 연구지 바쁜 교화 업무 속에서 체계 있게 자료를 정리할 만한 시간과 능력이 없었다. 그래서 망설이고 중

단하기를 거듭하다가 우연히 이 일이 퇴임을 앞둔 나에게 교단이 마지막으로 부여한 임무라는 생각이 들었다.

대종사님의 위대하심을 다시 한번 드러내고, 대종사님과 붕산님과의 특이한 인연을 드러냄으로써 이 회상에 대한 믿음과 대종사님의 위대하심과 붕산님의 대호법 정신을 체 받는 계기가 되도록 해야겠다는 운명적인 약속을 하게 된 것이다.

그래서 제일 먼저 착수한 일이 '붕산 일대기' 작성이었다. 그런데 막상 작업을 시작하니 참고할 만한 자료들이 많지 않았다. 교사(敎史)에 조예가 깊은 교무들에게 수소문도 하고, 그들이 알려 주는 참고서적을 보면서 단편적으로 흩어져 있던 자료들을 모아 미흡하나마 겨우 일대기를 작성할 수 있었다.

그 과정에서 붕산님이 과거에 「원불교신문」에 연재한 회고록과 「원광」 제105호의 좌담을 발견한 것은 대단한 수확이었다. 19회에 걸쳐 연재한 「원불교신문」과 「원광」 좌담 내용을 보면 붕산님의 생애와 대종사님의 언행과 당시의 시국과 교단의 상황을 이해할 수 있는 역사적으로 아주 중요한 내용이 가득 했다. 이러한 역사를 그냥 묻어둘 수 없어 원불교출판사와 협의하여 책으로 엮어 발간하기에 이르렀다.

　대종사님과 붕산님과의 만남은 너무나 극적이다. 붕산님이 진리적으로 어떤 임무를 띠고 이 회상에 오셨는지 알 수 없으나 정말 붕산님이 아니었다면 풍전등화 같은 일촉즉발의 절박한 시국에 불법연구회가 문을 닫지 않고 버틸 수 있었을까 하는 생각이 들었고, "대호법이 되고도 몇 번이나 될 분"이라는 것을 실감할 수 있었다.
　저는 미력하나마 붕산님을 드러내는 것도 운명이요 필연이라고 생각하면서 기쁜 마음으로 이 책을 붕산님 영전에 바친다.
　이 책이 나오기까지 애써 주신 원불교출판사 소산 주성균 사장 교무님과 편집을 맡아주신 천지은 편집장 교도님에게도 감사의 인사를 전한다.

2017년 9월 가을의 길목에서
미산 장도영 合掌

형사 한 사람이 경찰 당국의 지령을 받아 대종사와 교단을 감시하기 위하여 여러 해를 총부에 머무르는데, 대종사께서 그 사람을 챙기고 사랑하시기를 사랑하는 제자와 다름없이 하시는지라, 한 제자 여쭙기를 "그렇게까지 하실 것은 없지 않겠나이까?" 하니, 대종사 말씀하시기를 "그대의 생각과 나의 생각이 다르도다. 그 사람을 감화시켜 제도를 받게 하여 안 될 것이 무엇이리오." 하시고, 그 사람이 있을 때나 없을 때나 매양 한결같이 챙기고 사랑하시더니, 그가 드디어 감복하여 입교하고 그 후로 교중 일에 많은 도움을 주니 법명이 황이천(黃二天)이러라.

-『대종경』실시품 12장

사진 / 붕산 황이천 /

붕산 황이천 사진

불법연구회 익산총부 주재 사찰 형사 황가봉. 법복을 입고 총부의 모든 행사에 참석하며 일동일정을 감시하였다. 그는 소태산의 감화를 받아 '이천(二天)'이라는 법명을 받았다.

사촌들과 함께(앞줄 중앙 황이천)

부산 송도에서(동산교당 창립주 박찬호님과 함께 1952. 6. 3)

왼쪽에서 두번째 황이천

대산종법사 동산교당 방문기념(1963. 5. 17)

차례

- **04** 추천사 _ 김형수 『소태산 평전』 작가
- **23** 엮은이의 말 _ 미산 장도영 교무
- **29** 봉산 황이천 사진

/ 1부 / 황이천 회고 **내가 내사한 불법연구회**

- **43** 생활 대책으로 경찰시험 응시
  이리경찰서 첫 발령
- **46** 총부 주재소 순사에 식비 청구
  '부정단체는 아니구나'라는 첫인상
- **50** 남녀사교(邪交)·교단자산·사상 관계
  철저히 내사하여 해산시키라
- **54** 소련 공산당과의 연락유무 조사하라
  장적조 등 북만주 다니며 일원상 걸고 선전
- **58** "어디서 그렇게 얌전한 사람만 주위 다 놓으셨습니까?"
  "내가 부수고 두들겨서 다시 만든 사람들이오."
- **62** 종사주 어린아이들에게도 약속 철저히 지켜
  김남천 선생 공사 중 안일 유혹하는 마귀에 호령
- **66** 도인들이 사심 없이 재배한 복숭아가 천도라
  야회 보는 부인 심히 괴롭히더니 결국 지부장직을

71	이치(理致)는 한 가지지 화염(火炎)은 상(上)이라 "종사님 방(房)도 놓으실 줄 아십니까?"
76	가정불화를 호소하며 예배드려 서울에서 생(生)부처님 찾아온 여인
80	불법연구회의 경서는 참 진리의 발췌
83	조선의 종교단체 결국 민족주의로 변해버리니… 일인 경무국장 "사은에 왜 황은(皇恩)은 없는가"
88	관혼상제법 총독부에서 예전 참고해 금방 해산 될 듯하나 추호도 걱정하는 빛 없어
90	체화(棣花)가 불법연구회 교화인가? 종사주 사생활 문제 보고 개요
97	등상불 퇴치 암시했으되 노망(老妄)으로 푸대접 진묵대사 이미 동정간(動靜間) 불리선(不離禪) 공부해
100	"이천이 나를 모르지" "영산 법성포로 도(道) 실러가자"
104	생각지도 않았던 과수원 마련하게 돼 세상사가 꼭 돈만 가지고 되는 것은 아니다
107	종사주의 권유로 나는 순간에 재산이 종사주 병환 …… "꾀병이십니까"

- 110 '종법사' 감투 놓고 투쟁하다 자멸할 것이다
  종사주 열반 …… 통곡소리 천지 흔들어

- 114 상야(上野) 일본인 주지, 대종사 열반에 흐느껴 울고
  종재 때 일본 경찰은 신경 곤두 세워

- 118 종법주 덕상(德相) 필설로 표현하기는 불가능해
  불법연구회에서 악질적 행동한 사실을 말하라

/2부/ 좌담 일제하 교단 수난사 내막

- 126 금산사 연행이 대종사님의 최초 수난
- 137 금전·남녀 문제 철저 유사종교 79개 정리 시 제외
- 143 불법연구회 부수면 재산 불하 약속
- 147 구타원 법사님 댁을 일경(日警) 주재소로
- 152 뇌물이라고는 과실 실컷 먹은 것뿐
- 158 조선의 간디라 주목한다니
  아무래도 여기 오래 못 있을 것 같다
- 167 내가 모르니 대종사님도 모르실 줄 알고
  큰일 났구나……
- 178 가뭄이 심하니 조선에서 물러가라 천황에 상소

| 186 | 남원 불교도가 연판장 돌려 일 주간 옥고
| 190 | 대종사님 일본 모셔다 황도불교화 하려 획책
| 197 | 대종사님 천만방편으로 위기 모면
| 203 | 부처는 그 곁을 떠나기 싫은 마음 나는 분
| 211 | 어느 종교에도 없는 예전이 불교연구회는 있어
| 219 | 대종사님 앉으신 채 열반에 드시다

/ 별록 / 기록으로 보는 황이천

| 229 | 무명과 깨달음으로 호법 봉도 _ 대산 종사
| 231 | 새 하늘에서 새 사람으로 바르게 살다 _ 박용덕 교무
| 234 | 일제치하 교단의 산증인 _ 송인걸 교무
| 243 | 황이천 선진 일생 재조명 _ 정리·장도영 교무

일러두기

본 내용은 「원불교신문」 99호(1973. 7. 10) ~ 119호(1974. 5. 25)에 게재한 '일정하 사찰 형사의 회고, 내가 내사한 불법연구회'의 원문을 최대한 훼손하지 않는 범위에서 작성되었습니다.

1부 황이천 회고 내가 내사한 佛法연구회

편집자 주

8·15광복 전, 일정은 한국인 단체는 친일적이 아니면 어떠한 단체도 용납하지 않고 해체할 것을 원칙으로 하였다. 원불교(당시 불법연구회)도 예외는 아니었다. 그 당시의 산 역사요, 장본인인 속칭 '황 순사(본명 가봉)'의 회고를 19회에 걸쳐서 연재하였다.

흥미 있는 연재물이 될 것이라 믿는다. 본인이 탈고한 4만 자의 원고를 약간 부분적으로 매수만 줄이고 맞춤법만 바로잡아서 그대로 실어 수일 역사의 생생한 자료가 되도록 할 것이다.

황 순사는 당시 성실한 직업인이었다. 그래서 원불교 내사도 세밀하고 철저히 하였다. 밀령(密令)이란 하나도 어기지 않고 조사하는 것으로, 열심히 하였다. 그는 회고에서 밤으로는 담을 넘어 다니면서까지 엿들어서 정보 수집에 열중하였다고 고백하고 있다. 그러나 충직한 일경 황 순사도 대종사로부터 직접 법명을 '이천(二天)'이라 받기에 이르렀다(『대종경』 실시품 12장 참조).

원불교 내사의 과정에 담긴 하나하나의 이야기는 모두가 주옥같은 경전이기도 하여 역사의 이해와 함께 마음공부에도 큰 도움이 될 것이다.

그는 생애를 마치기 전까지 경기도 안양시 비산리 541번지에서 신앙생활에 재미를 붙이며 살았다.

생활 대책으로 경찰시험 응시
이리경찰서 첫 발령

 나는 1929년 11월에 김도훈과 결혼했다. 결혼하고 보니 장차 생활문제가 고민되기 시작했다. 당시 가정 형편은 좀 나아졌으나 부모의 유산이 아니고 장형의 힘으로 이루어진 것이라 재산을 분양받을 도리도 없고 하여 장래가 심히 걱정되어 마음 둘 바를 모르고 살았다.

 그러던 차, 1931년(21세) 봄, 뜻밖에 경찰관 시험에 응시해 보라는 주재소 직원의 권유와 주위 사람들의 권유가 많았다. 생각 끝에 나는 장차 생활대책으로 응시하기로 했다. 보통학교 졸업 후 노동에 종사하고 난 후라 응시하려 하니 학력과 실력이 부족했다. 더구나 채용인원은 25명인데 지원자는 5백97명이었다.

 그러나 이왕 치는 시험이니 열심히 공부하기로 하여 4, 5일간 시험 준비에 골몰했다. 보통학교 5·6학년 책을 빌려다 두세 차례 읽기 시작했는데, 다행히 어느 부분에 마음이 쏠려 그 부분이 출제되리라 예감되는 것이 많았었는데 시험장에 임하여보니 역시 거의 공부했던 것과

상이함이 없었다. 그리하여 만족한 시험을 치르고 신체검사도 통과하였다.

사실 나는 그때, 습성늑막염으로 고생하다 쾌유한 지 불과 몇 개월 후였다. 그 늑막염(가슴막염)은 생활에 대한 고민, 노동의 과로, 야학의 열중 때문에 온 것이었다.

방에 앉아 있으면 내 가슴에서는 마치 술 괴는 듯한 소리가 나서 그 소리를 주위 사람들이 다 들을 정도였다. 그러나 신기하게도 약 한 첩 쓰지않고 자연치료가 되었다. 그때, 신체검사장에는 전북 도립병원장, 일본인 의학박사, 조선인 전북 도공의 이세연 박사(현재 원불교 교도) 등이 있었는데, 이들이 여러 차례 검진한 후 나는 다행히 통과되었다. 전체학과 시험은 말할 것도 없이 6등으로 합격했다.

이리하여 소화 6년(1931년) 5월 1일, 교습소에 입소하여 훈련을 받았다. 훈련을 마치고 대개는 각자의 희망지를 제시하라 하여 특별한 사유만 없으면 희망대로 보내주는 판이었다. 나는 무주, 장수로 희망했다. 그 이유인즉슨 나는 경찰 되는 것이 목적이 아니고 현금 1백 원을 얻기 위해서였다. 그래서 무주나 장수는 원거리여서 부임하게 되면 부임여비가 3십 원이나 되므로 단순히 그것만 생각했었다.

교습소장이 나를 부르더니 "자네, 무슨 이유로 산간벽지인 무주, 장수를 희망하는가"라고 묻는 것이었다. 나는 별 이유가 없다고 대답했다. 소장은 "젊은 사람이 그런 벽지로 가면 발전이 없다. 그대의 장래를 고려하여 특별히 전북도의 관문이 되고 또 발전성이 있는 도시 이리경찰서로 발령했으니 그리 알고 착실히 일하라"고 당부했다.

부임 일자는 5일이었다. 그때 야학생들은 3전씩 갹출하여 국수를 사다 장만하고 "선생님이 가시면 우리는 어찌할까요?" 하고 통곡하던 장면이 새삼 떠오른다. 10월 1일, 이리경찰서로 부임은 했으나 시험성적과는 달라서 학력이 없으므로 근무상 고통이 심하였다. 예를 들면, 사무실에 있을 때 전화벨이 울리면 나는 화장실로 도피했다. 그래서 다른 사람들이 싫어하는 전주, 군산 등 재판소에 범인을 압송하는 일을 나는 자청해서 다니곤 했다. 기타 외부 활동을 하는 일이나 다른 사람이 고되게 생각하는 일만 청부하였다. 나는 오직 1백 원 모으기가 목적이었으므로 술집 출입이나 일체 다른 일에 한눈 팔지 않고 극히 검약하고, 정직하게 살았다고 생각한다. 1년이 넘도록 1일 3식 이외에는 사 먹어본 일이 없고 기타 물품도 일체 사본 일이 없다.

총부 주재소 순사에 식비 청구
'부정단체는 아니구나'라는 첫인상

경찰서에서 비상소집이 있어 사복 출동 시에도 한복차림에 경찰관용 편상화를 신고 나갔다. 그러면 서장이 "범죄수사 할 때는 그 옷차림이 불편하니 고물상에 가서 헌양복이라도 한 벌 사 입으라"고 까지 말하면, 또 다른 동료들도 옆에서 보다가 조소했다. 그러나 나는 1백 원만 모으면 사퇴할 생각이었기 때문에 그러한 일에는 하등 관심조차 없었다.

1년이 경과되어 이리역전파출소로 발령이 났다. 다시 1년 후에는 황등주재소로 발령을 받았다. 그때 약 2백 원이 모였다. 그러고 보니 경찰관은 들어가면 3년이라는 의무연한이 있었다. 만약, 이유 여하를 막론하고 연한 전에 사퇴한다면 면직으로 처분되고 면직이 되면 일종의 전과자처럼 되어 일반 사회에서 신용을 잃게 된다. 그래서 다시는 두각을 나타낼 수 없게 된다. 따라서 2년을 지내고 보니, 사무도 숙달되었고 기왕 연한이나 마치고 사퇴하자고 마음을 고쳐먹게 되었다. 그리하여 황등주재소에서 4년을 그럭저럭 지냈다.

여기서 불법연구회에 대하여 묘한 기연(奇緣)을 얻게 되었다. 황등 관내 용산리에 근 80세가 된 노인 유(柳) 씨가 있었다. 가정은 빈곤하나 노부인과 딸 하나 3인이 농토도 없고 단지 노인의 몽학(蒙學)과 약간의 한약상으로 세월을 보내고 있었다. 그 노인이 나만 보면 지극히 사랑하시었다. 그리하여 무명한 존재이지만 평소 정을 생각하여 본서로 전근 시 인사차 심방하였더니, 그 노인이 자첩(字帖) 한 권을 주시는 것이 아닌가. 그 노인이 말씀하시기를 "이 자첩은 명필의 자첩으로 상당히 좋은 것이다. 나는 이를 전할 자식도 없고 하여 황 순사에게 주는 것이니 잘 보관하여 두고 보라"는 것이었다. 그 자첩은 사방 팔촌(八寸) 가량의 것으로 명필 창암 이삼만(蒼岩 李三晩) 선생이 쓴 것이었다. 그러나 나는 '그저 자첩이지' 하고 받아만 났다. 본서로 전근하고 보니 '불법연구회'가 북일면에 소재하여 있어 자연스럽게 직접 담당하게 되었다.

그러자 돌연 1935년 9월경에 천천(泉川) 서장이 나를 불러 "북일면에는 취재의 대상인 불법연구회가 있고 면도 넓은데 본서에서 직할 취급하기가 치안 확보 상 곤란하니 주재소를 설치하는 것이 타당하다"라는 보고서를 내라는 것이다. 그래서 즉시 보고서를 제출하였더니 한 달도 못 되어 전북도에서 북일주재소를 설치하라는 허가가 내려졌다.

1936년 10월경, 일인 '소도경시(小島京市)'라는 순사와 내가 이공주 선생댁(현재 총부 청하원) 응접실을 사무소로 정하고 박창기 씨가 거처한 동쪽은 일인의 숙소로 하고 서쪽 창고에 있는 방은 나의 숙소로 정하였다. 그리고 식사는 총부에서 통밥 2인분을 가져다 부식물만 우리가 만들어 먹었다. 그러나 밥값은 1개월분을 3합(合) 밥으로 정하고 먹는 대로 분할 지불키로 한바, 나의 첫인상이 이 밥값의 처리였다.

우리는 경찰관인지라 날마다 돌아다니는 직업이다. 그래서 집에서 제때에 꼭 삼식(三食)을 하는 경우가 적다.

그러므로 1개월 정식(正食)이 9십 회식(回食)이라면 대개 5~60회밖에 안 먹는다. 그런데 그 식사비에 대한 계산이 정확했다. 1개월이 되면 일자별로 먹었을 때만 정확히 뽑아 3원 안팎의 식비를 청구해오는 것이었다. 생각해보면 그만한 큰 단체에서 두 사람 경찰관의 식비가 불과 5, 6원인데 정확히 청구하는 것을 보고 일단 '부정(不正)한 단체는 아니구나' 하는 인식이 되었다. 부정단체라면 우리에게 물질을 공여(供與)하려는 것이 상례거늘, 이 단체는 그렇게 어영부영한 부실(不實) 조직체는 아니라는 것이 나의 불법연구회에 대한 첫인상이었다.

다음은 교과서 문제이다. 당시 총부에 박수권(朴修權) 씨라는 분이 있었다. 나와 연령이 비슷했다. 저녁에 나의 처소로 놀러 오기도 했다. 그래서 놀러 오면 나는 그에게 "불법연구회는 무엇을 배우고 무엇을 하는 곳이냐"고 물었다. 그의 대답은 여러 가지 산업도 하고 공부도 한다는 것이었다. 과연 산업부가 있어 여러 가지 영농을 하고 있었다. 그러나 공부는 "무슨 책을 배우느냐"고 물으면서 배우는 책이 있으면 좀 보여 달라고 했다.

그랬더니 그는 다음 날 보경『육대요령(六大要領)』한 권을 가지고 왔다. 읽어 본 즉 별스럽게 배울 것이 없는 책이라 생각되어 "이외에 다른 책이 있으면 가져오라"고 하였다. 그다음 가져온 책은 『조선불교혁신론』, 『수양연구요론』, 『예전』, 『단규』들이었다. 이 책들 역시 자상히 살펴보아도 배울 것이 없다고 나는 단정하고 박수권 씨에게 "그래, 멀쩡한 사람들이 할 일이 그리 없어 이러한 책을 배운다고 쪼그리고 앉아 있단 말인가"라고 하면서 "인제 보니 전부 미친 사람들만 모여 있구만. 자네도 틀림없이 미친 사람이야." 하고 나는 말했다.

남녀사교(邪交)·교단자산·사상 관계
철저히 내사하여 해산시키라

아무리 다시 보아도 불법연구회에서 배운다는 그 책 내용을 살펴볼 때, 일반 사회에서 보통학교 졸업자 정도면 누구나 다 이해할 수 있겠다고 생각되었기 때문이다. 더구나 제1 교주라는 종사님을 뵈올 때도 과연 그 인품은 출중하고 훌륭하시게 보이나 그 경력을 보면 별스러운 학문을 습득한 사실도 없고 또 사회적으로 별 경력도 없었다. 오히려 교도 중에는 사회적 경력이나 학력도 넉넉한 사람이 많이 있었으며 그런 사람들이 이런 책을 배운다고 모여 있는 것은 이해하기 곤란했으니 틀림없이 이면에 다른 사유, 즉 '무엇인가 사상적인 결합이 잠재하고 있는 조직단체'라고 생각되었다.

당시 총부에는 유명한 인사들이 많이 계시었으니 유허일 선생, 이공주 선생, 조송광 선생, 박제봉 선생, 박대완 선생 이외에도 사회적으로 덕망있는 분들이 많이 계셨다. 그러한 분들 역시 대종사주 앞에만 가면 그야말로 전전긍긍 몸 둘 곳을 모르고 움츠리고 있는 광경이 참으로 이해할 수 없어 나는 이상하고 우습게 생각하였다. 그러나 누구를 상대해 보아도 인간으로서는 탈 잡을 수 없이 얌전하게만 보이고 또 구내의 질서정연한 점, 청소 철저한 점, 계산의 정확성 등 표면에 나타나는 것으로 보아 평화 집단체로 추정되었다.

그리하여 사람이 살기 좋은 곳이라 생각하고 당시 속칭 노이로제로 가정파탄이 되어 친정으로 돌아가 요양중인 처 김도훈에게 불법연구회의 현황을 수차례 편지하여 오게 했다. 그리하여 부부 생활을 회복하고 파탄 직전의 내 가정이 복구되어 법은을 받아 슬하에 3남 3녀를 두었다.

그 후 1937년(소화12) 3월경 조선에 백백교 사건이 발생하자 이를 이유로 조선의 유사종교 단체를 모조리 해산시킬 것이 정책적으로 규정되었다. 그 후 경찰서장의 호출이 있어 가본 즉 서장과 고등주임이 한자리에 앉아 나에게 말하는 것이었다.

서장 "군(君)이 잘 아는 바와 같이 조선의 유사종교 단체는 표면은 감언이설로 가장하고 있으나 그 실은 대개가 민족주의자들의 결합이다. 이점을 잘 인식하고 또 시국의 장래가 내선일체가 필요 불가결의 요건이니 이러한 의미에서 군을 전반 도 경찰 부장의 명령으로 전문 사찰원으로 불법연구회에 파견케 되었으니 철저히 내사하여 해산시킬 수 있는 요점을 찾도록 바란다."

이천 "잘 알겠습니다."

고등주임 "내사에 있어서는 일단계로 요건을 제시해 준다. 첫째, 남녀 사교(邪交)관계, 둘째, 자산관계(운영자본의 출처, 희사금의 이유·내용), 셋째, 사상관계(민족주의에 대하여 동향과 소련 공산주의와의 관계), 이상 사유를 철저히 내사하여 발굴할 때는 자산은 전부 정부에서 압수하여 경매 처분할 것이므로 그때에는 그 자산이 그대에게 돌아갈 수 있도록 처리하여 줄 것을 약속한다. 또 관등도 승진되도록 약속한다."

서장 "내일부터 군은 비밀경찰로서 행동하되 경찰복도 입지 말고 불법연구회 교도와 동일한 행동을 할 따름 주재소에 왕래하거나 우리가 가도 아는 체도 말고 인사 할 것도 없다."

이천 "명에 의하여 분골쇄신 철저히 하겠습니다."

그 대신 봉급은 경찰서에서 주재소를 통하여 가족에게 직접 지급할 것이니 중요한 것 외에는 보고도 할 것 없고 중요한 일이 있거든 비밀히 하여 달라는 것이었다.

이상에 대하여 남녀관계는 담을 넘어가며 비밀리 여자 기숙사에 들어가 잠복하여 수차 내사하여 보았으나 철통같은 단속이라 불의 사건이 야기될 수 없겠음을 나 자신 차츰 인식하게 되었다. 그 한 예를 들면, 여신도 4~5인이 한 방에서 거처하면 그 방에는 실장이 한 사람 선출

된다. 그 방에서 한 사람이 취침 중 부득이 나가게 될 때는 실장을 깨워서 동반하게 되는바 그 실장은 상당히 수양된 층이라 원불교 공부와 사업에 헌신하겠다고 결심한 사람들이라 하루 저녁에 열 번을 깨워도 싫증을 느끼지 않고 열렬하는 사람들이고 낮에도 기타 방면에 부득이 외출하게 될 때는 반드시 무슨 명목으로든지 지도자층과 동행하게 되므로 불의의 기회를 주지 않는다. 그리고 인비목석(人非木石)이라도 총부에서 수양하고 있다면 그런 생각이 없어지기 마련이다.

일반 사회인은 자기 생각만으로 남녀가 그렇게 혼동하고 있으면 불의의 행사가 생긴다는 것으로 단정하는 것은 잘못된 인식이라고 생각하게 되었다.

소련 공산당과의 연락유무 조사하라
장적조 등 북만주 다니며 일원상 걸고 선전

제2 경제 관계는 기본자금이 9인 선진이 손수 영광에서 간척한 토지에서 연 수입 약 2백 석이고 기타는 신도들의 관혼상제 개혁으로 절약된 경비가 육영부로 또는 공익부로 통하여서 사회사업기금이 되어 가는 것이므로 하나도 반사회적이거나 불의의 착취제도가 내포된 사실이 없다는 것을 알았다.

제3 사상 관계는 민족주의 사상은 있을 것이 사실이나 현세 사상적으로 반일적 행동이 표현된 바가 없으니 이것을 흠잡을 도리는 더 두고 보아야 알 수 있는 일이고 소련과의 관계 유무에 대하여는 당시 소련에 거주하다가 귀국하여 바로 총부 구내에 거주하던 독신자가 있었으므로 그로 관계하여 문제가 있었다. 신동기 씨라고 이공주 씨 댁 뒤 사무실 가옥이 그 신 씨의 집이었는데 신 씨가 사업상 사정으로 그 집을 총부에 희사하고 이리농림학교 앞으로 이사하여 정미소를 경영하고 있었다.

그래서 소련 관계 운운은 그 신동기 씨와 또 장적조 씨라는 여자가 북선만주 근처로 다니면서 사방에다 일원상을 걸고 선전하고 다녔다. 그리하여 소련 공산당과의 연락 계통을 조사해 보라는 것이었으나 조사해보니 당시로는 아무런 단서가 없으니 계속 유심히 조사하겠다는 것으로 그쳤다.

다음은 교리와 제도에 대하여 철저히 탐구하라는 재명

령이다. 그리하여 당시 종사주와 처음으로 약속한 일이 있다. 1937년 3월경이라고 생각된다.

이천   "종사님 제가 학복을 입고 당회에 들어온 것은 아실 테지만, 공부만이 아니고 철저한 조사를 하기 위하여 들어 온 것입니다. 그러하오니 종사님께서는 그리 아시고 그대로 실행하여 나가시면 저는 저대로 철저히 조사하여 처리하겠습니다. 그러나 이 사실을 종사님과 저만이 알고 일반에게는 알리지 말아 주십시오."

종사님   "그리하겠소. 원래 법률과 종교는 서로 도와나가야 하는 것이오. 그러기에 국가정치의 법률은 엄격히 다스리는 것이고 종교는 자모의 성격으로 자비심으로 인도하여 나가는 것이오. 그러나 하나 당부할 말이 있소."

이천   "무슨 말씀입니까?"

종사님   "그간 당신을 상종하여 보니 탁월한 재주가 있어 곧 우리 교리도 잘 이해할 줄은 아나 이 종교철학이라는 것은 쉬우면서도 어려운 것이니 우리의 교리와 제도를 모르고 당신 생각대로 상부에 보고할 때 그 사실이 차질이 있을 때에는 곤란한 일이 있을 것이오. 그러니 당신 생각 그대로 보고를 하기 전에 교리나 제도문제를 나하고 한번 의견 교환해서 보고하도록 해줄 수 있소?"

이천 "그야 말씀을 안 하시더라도 이 교리나 제도에 모순점이 있다고 제가 생각될 시는 철저히 규명하기 위하여 종사님께 문의하는 것이 당연한 처사가 아니겠습니까. 그것은 걱정하지 마십시오."

종사님 "그렇게만 해준다면, 나는 사회에 공헌을 목적으로 이 사업을 시작한 일이니 사회에 해독을 끼치는 일이 된다면 그야 그날로 자진해서 그만두고 보따리를 싸야 할 것이 아니겠소. 그러하니 당신은 하나도 걱정을 말고 철저히 조사하여 보시오. 이것이 곧 내 일이니 이제는 내가 교도를 지도하여 나가는 데 힘이 많이 덜어지겠소."

이상과 같은 약속으로 시작되었다. 그 뒤로는 내 직책상 종사님 옆에 있으면 뭔지 모르게 마음이 평화로웠다. 그때부터 나는 침식을 총부에서 일반과 같이 하고 있었다. 그 당시 취사장은 그 전 종법실 동편이었고 남자식당은 종법실 앞 선방인바 1인 3시 당번을 정하여 식당으로부터 식사도구 일체를 나르면 노인 실장이 죽비를 친 다음 각자 식탁에 대하는 것이었다. 이때 내가 큰 감심(感心)을 가진 것은 그 규율이다. 당번은 당번대로 불피풍우(不避風雨)하고 그 질서정연함과 또 밥이나 반찬이 부족한 형편인데도 될 수 있으면 다른 이에게 양보하고 불평 없이 화기애애한 그 모습은 일반 사회에서는 찾아볼 수 없었다.

수개월을 주시하였으나 하나도 거짓 없는 실천 행동으로 시종일관하였다. 진실로 당시 감동된 심정은 지금도 생각이 놓이지 않는다. 그래서 하루는 종사주에게 무엇인가 알아보고 싶어서 몇 마디 여쭈어보았다. 그 무렵 종사주께서 친히 황가봉이라는 이름이 마땅치 못하니 이름을 하나 지어주겠다 하시면서 '이천(二天)'이라 하라고 일러주셨다.

"어디서 그렇게 얌전한 사람만 주워 다 놓으셨습니까?"
"내가 부수고 두들겨서 다시 만든 사람들이오."

이천 "종사님은 대체 한 가지 재주는 있습니다."
종사주 "내가 무슨 재주가 있다고?"

이천 "어디서 모두 그렇게 얌전한 사람만 주워 다 놓으셨습니까?"

종사주 "어떤 사람이 그렇게 얌전해 보였소?"

이천 "식당에서 밥을 먹는데 세상에 그렇게 질서정연하며 얌전하게 행동하는 모습들은 이 세상에서 보기 드문 행동이니 무슨 재주로 그런 사람만 주워 다 모아 놓았느냐는 말씀입니다."

종사주 "이천이 모르고 하는 말이지, 그게 다 원래 얌전한 사람들이 아니고 몹쓸 것을 다시 사람으로 만들어 놓은 것이오. 내가 정과 망치로 부수고 두들겨서 다시 만든 사람들이오."

　그때 금강원 조실에서 중앙 총회를 며칠 앞둔 날, 50세 가량의 여자 한 분이 종사주께 인사를 드린 후 뭔가 할 말이 있는 듯 주저하더니 약 30분 있다가 하는 말이 "종사님 제가 수년 전부터 가슴앓이가 있어 고통을 받고 있으니 약을 일러주십시오."하고 땅 파듯이 사정을 하는 것이었다. 종사님께서는 "그것은 육신의 병인지라 약방이나 의사에게 가서 약을 쓸 일이지 내가 어떻게 하라는 말이오." 하시며 공부를 잘못하기 때문이라고 말씀하셨다. 그 여자는 이왕 내친걸음이란 듯이 약만 일러 달라는 것이었으나 종사님은 영영 거절하셨다. 그 여인이 물러간 다음 나는 이렇게 말했다.

이천   "종사님 참 독한 양반이오."
종사주   "(웃으면서) 무엇이 또 그리 독할까."
이천   "종사님 제가 한 꾀를 일러드리리라. 그런 교도에게는 누가 먹어도 이해(利害)가 없는 호박잎을 말려서 빻아 두고 한 봉지씩 나누어주면 그 사람은 그 약을 먹으면 꼭 낫는다는 심리로 그 약을 삶아 먹으면 병이 나을 수 있다고 생각됩니다. 설혹 병이 못 나아도 해는 없고 하니 한 봉에 돈 원씩이나 받고 나눠주면 그 사람 병 낫고 수입되고 피차 좋은 것 아닙니까. 그런데 그렇게 거절당하고 보면 섭섭한 것 아닙니까."
종사주   "그것도 일리 있는 말이오. 그러나 내가 약을 주면 그 사람은 실로 병이 나을 수 있으나 그 사람은 나를 믿는 만큼 추앙하기 위하여 반드시 '종사님께서 약을 주어 그 약으로 병이 나았다'고 자랑삼아 말할 것이 사실이라 그리 되면 나는 도덕을 가르치는 자가 돌팔이 약장수로 변하여질 것이고 우리 교는 병 치료하는 사교(邪敎)로 변하여 걷잡을 수 없는 사태를 빚어낼 것이니 이는 사(私)에 의하여 대도(大道)를 그르치는 결과가 될 것이오."

말씀을 들어 본 즉 그럴 듯한 말씀이었다. 이때 6월 하선(夏禪)이 시작되었다. 종사주께서 친히 선방에 나오시어 지도하시었으니 각 지방의 교무와 총부의 직원들이 전원 참석하여 대대적인 하선이 시작된 것이다.

하루는 종사님이 "이천을 잘 가르쳐 놓아야 내가 편할 것이므로 내가 가르쳐야겠다."라고 말씀하셨다. 이 하선에서 나는 배울 줄 모르는 사람이 배울 줄 아는 사람으로 변하였다.

처음에 교전을 보고 이런 것을 배운다고 있는 사람들을 미친 사람들이라고 내심 생각하고 있었는데 실상 육대요령, 사은에 대한 강의를 듣고는 참으로 내가 그 동안 배웠다는 것은 헛것이었고 진실로 배움이라는 것은 이러한 것이라고 참으로 각성했다. 그 한 예를 들면 사회에서 배운다는 것은 천지은(天地恩)이라고 하면 하늘 천(天),

따 지(地), 은혜 은(恩) 하면 다 배운 것이라고 인식되었던 것이 선방에서 진리적으로 강의하는 것을 들으니 천지와 나와의 인연관계는 참으로 어려운 것이라는 생각이 들었다. 따라서 그간 내가 미련했다는 것을 깨달았다. 그리하여 4개월 동안 열심히 공부하였다.

종사주 어린아이들에게도 약속 철저히 지켜
김남천 선생 공사 중 안일 유혹하는 마귀에 호령

당시 어느 날, 종사님을 모시고 산업부로 소풍을 간 일이 있다. 이때 염천(炎天)에 종사님은 양산을 들고 나는 학복 그대로 총부 사무실 앞 로터리에 다다르자 5, 6세 되는 아이들 대여섯 명이 놀고 있었다. 지금은 검사도 되고 또 교무도 되고 한 사람들이다. 이 아이들이 종사님을 뵈옵고도 인사를 안 하니 종사님께서 발을 멈추시고 "너희들 나에게 절해라. 그러면 너희들에게 과자를 주마." 하시니 아이들이 반갑게 생각하고 일제히 절을 했다. 그러자 종사님은 발길을 돌려 종법실로 향하시더니 과자를 가지고 오시는 것이 아닌가. 그래 그 과자를 친히 아이들에게 나눠주셨다.

  나는 당초는 무슨 일로 나오시다 다시 들어가시는가 하고 이상하게 생각하였던바 별일도 아니고 과자를 가져다 아이들에게 나눠 주시는 것이었다.

이천   "종사님이 안으로 다시 들어가시기에 별일이나 있으신가 했더니 그 과자를 가지러 들어 가셨습니다그려."

종사주   "그리하였소."

이천   "아이들에게 과자 주는 일이 그리 급한 일이 아닌데 이 염천에 바쁘신 걸음을 하십니까?"

종사주   "그게 대단한 일이지. 아이들에게 절하면 과자 준다고 말했으니."

이천   "그렇지만 차후에 주어도 될 것 아닙니까?"

종사주   "이천이, 공부를 하는데 이러한 점에 각별히 주의해야 하는 것이오. 천진스러운 어린 아이들에게 추호도 거짓되이 행동하면 참으로 못쓰는 것이오. 안줘도 괜찮다는 생각을 할지도 모르나 그러면 아이들에게 신용을 잃게 되오. 그는 자기마음 한 구석에 아무렇게나 해도 괜찮다는 불신의 씨가 생기어 신(信)의 바탕이 무너지는 것이나 작은 일이라고 하여 관심을 소홀히 하는 것은 수도인으로서는 대 금물이니 적다하지 말고 관심을 꼭 버려서는 안 되는 것이오."

그리하여 산업부로 가니라 하니, 현재 원광대학교 식당 근처에 다다르자 김남천 노인이 약초밭 제초작업을 하시다 '이놈 썩 물러가지 못하겠느냐' 하고 큰소리로 호령을 두세 번 연거푸 하고 있었다. 종사주와 나는 걸음을 멈추고 있다가 송하(松下)로 들어서 있을 때였다.

이천   "저 영감 노망기가 있는가 보오."
종사주   "노망기가 아니고 까닭이 있는 말이니 저녁에 본인에게 물어 보시면 알게 될 것이오."
이천   "까닭은 무슨 까닭이 있단 말이요. 이 뜨거운 여름에 밭 가운데에서 아무 상대자도 없는데 이놈 저놈 호령하는 것이 무슨 까닭이 있겠소. 노망기지."

산업부를 돌아보고 유념하였다가 그날 저녁 식사 때

남천 노인에게 물어보았다.

이천   "남천 선생님 오늘 약초밭에서 누구를 보고 이놈저놈하고 호령하시었소."
남천   "그런 것이 아니오라 이 늙은 뼈다귀가 공사로 인하여 약초밭 제초를 하고 있노라니 마귀란 놈이 와서 나보고 '더우니 솔밭 시원한 곳으로 가서 쉬자'고 자꾸 유혹을 합디다. 그래 나는 안 된다고 거절을 했더니 '아무도 보는 이가 없으니 괜찮다'고 자꾸 유혹을 하므로 그 놈을 내 마음에서 쫓아내느라고 생욕을 보았소."

이 말을 듣고 참으로 공부하시는 분이요 마귀라는 존재가 이렇게 되어있다는 것을 알았다.

선방에 모친이 다니러 오시었다가 참선하신 일이 있었다. 모친은 종래 불교에 독실하시었다. 그때 마침 불교에서는 흙으로 만든 등상불에 불공을 하는 어리석은 짓을 한다는 이유로 상당히 역설을 하신 분이 있었으니 부산에서 오신 정관음행 씨였다. 그 말을 다 들으시고 난

종사님께서는 나의 모친에게 "말씀을 들으시니 어떠냐"고 물으시었다.

모친 대답이 "부처님은 헛된 것이라 할지라도 공들이는 그 재물을 가지고 승려가 생활하고 공부하는 것이므로 공은 되는 것입니다. 부처님의 도력이 높다 하여도 열반하신 부처님의 도를 전하는 분은 승려이니 승려가 먹고 살아야 부처님의 도가 전하여지는 것이므로 불공하면 공은 되는 것이라"고 하시자 종사님께서 "그렇고 말고" 하시면서 좋아하시었다.

도인들이 사심 없이 재배한 복숭아가 천도라
야회 보는 부인 심히 괴롭히더니 결국 지부장직을

하선이 끝날 무렵 30세 가량의 한 여인이 와서 "공부하러 왔다"고 하면서 하는 말을 들은 즉 그 교도는 전라북도 옥구 임피 사람으로 청상과부로 아들 형제를 둔 바 장남은 농사를 일백 석 거리를 부치며 잘 살고 있고 며느리, 손자들도 효심이 지극하여 아무 걱정 없다 하며 무슨 장황(裝潢)이 몇이고 머슴이 몇이고 하면서 경제나 환경이 만족하다는 자랑을 늘어놓았다. 그러면서 그의 아들이 "만년에 농촌에서 고생마시고 편하게 불교당에 가서 계시라" 하며 숙식비도 주고 갔다고 한 시간 가량 자랑 삼아 얘기하고는 나갔다. 그 뒤 종사님께서 "이천이 얼마나 공부했는지 시험을 보아야겠다."고 하시면서 "지금 그 부인이 공부 잘할 것 같은가"하고 물으셨다.

이천 "암요, 공부 잘하고말고요. 그런 환경에서 공부 못하고 누가 공부하겠습니까? 가사도 잊을 수 있고."
종사주 "(웃으면서) 그러면 나하고 한 턱 내기할까?"

  종사님은 그 사람은 공부 못한다는 것이었다. 두고 보면 며칠 걸리지 않아 귀가할 것이니 두고 보자는 것이었다. 나는 그 뒤 그를 유심히 살펴봤다. 과연 그는 1주일이 채 못 되어 집에 다녀온다고 가더니 다시 오지 않았다. 나는 의심이 났다. 그렇게 가정을 다 잊어버리고 안심하고 공부할 수 있는 터인데 어찌하여 갔으며 종사님은 무슨 연유로 그분이 공부 못하고 갈 것을 아셨는지 여쭈었다.

이천 "종사님께 제가 한턱 낼 수밖에 없습니다. 그런데 종사님께서는 그 교도가 공부를 못하고 귀가할 것을 무슨 방법으로 아셨습니까? 좀 일러주십시오."

종사주 "공부 못한 것을 자기 스스로 말한 것이니 남의 말을 들을 적에는 혹하지 말고 들으면 결국 알게 되는 것이오. 그분은 첫째, 가정환경에 만족을 느끼면서 착(着)이 붙어 있으므로 그렇게 되면 가정을 떠날 수 없게 되는 것이니 공부하는 사람은 상지(上智)가 아니고는 환경이 좋으면 그것이 곧 착으로 마음이 떨어지지 못하는 것이고, 둘째는 집에 있으면 아들이 면장이니 동리에서 누구나 다 위해 줄 것이요, 가정에 있으면 가정 사람들이 다 위하여 줄 것이나 여기에 와서는 누가 그렇게 무조건 위하여 줄 사람이 있겠는가. 그러므로 가정으로 돌아가게 될 것임을 알았던 것이지 별스러운 신통력이 아니니 이천도 이후 사람의 말을 들을 적에는 그 말에 유혹되지 말고 세밀하고 자상하게 들으면 다 예측할 수 있는 것이오."

한때 마령지부장 오기열 씨가 종법실에 당도하였다.

인사를 드린 후 잠시 있는데….

종사주 "(웃으면서) 기열이 옛일을 생각하면 지금은 어떠한 생각이 나는가?"
오기열 "무슨 말씀이십니까?"
종사주 "(웃으시면서) 기열이가 옛날 마령지부 교도들을 못살게 괴롭히던 일 말이야."
오기열 "(몹시 부끄러운 태도로 돌아앉으며) 그 말씀은 그만두세요."

나는 오기열 씨가 종법실에서 나간 뒤 그 연유를 물었다. 종사님 말씀하시기를 "그런 게 아니라 우리 불법연구회 초창 때 진안 마령에 포교를 할 목적으로 팔산을 파송하여 야회를 보았소. 그때 그곳 오 지부장의 부인이 주최가 되어 7, 8인의 교도가 모여 포교하던 것을 오기열 씨가 몹시 괴롭히고 다녔소. 밤마다 곤봉을 끌고 다니면서 야회 보는 장소만 발견하면 무조건 들어가서 부인의 머리채를 움켜쥐고 구타하면서 갖은 행패를 다 부리던 사람이 결국은 부인에게 감화되어 지금은 마령교당 지부장직을 맡아보면서 오히려 신심이 부인보다 더한 사람이 된 것이오. 그래서 내가 오기열 씨를 만나 그 옛말만 물으면 질색하는 태도가 우습기도 하여 물었던 것이오."라고 하신다.

한때 종사주와 종법실 옆 응접실에서 복숭아 과일 공양을 받게 되었다.

이천 "종사님, 천도복숭아라 말만 들었는데 이 복숭아가 바로 천도가 아닌가 생각됩니다."

종사주 "어찌 천도복숭아라 할까?"

이천 "주시는 이 복숭아에는 세상에서 있는 이해관계가 하나도 개입되어 있지 않고 그저 화기애애한 가운데 더구나 도가에서 아무 사심 없이 받은 공양의 복숭아이므로 천도가 아닌가 생각됩니다."

종사주 "그렇고말고. 천도복숭아가 따로 있지 않고 그렇게 사심 없이 또 사심 없는 도인들이 재배한 복숭아인지라 사심 없이 공양만 받는다면 그게 곧 천도인 것이오."

이치(理致)는 한 가지지 화염(火炎)은 상(上)이라
"종사님 방(房)도 놓으실 줄 아십니까?"

 하선 중 어느 예회 날, 대각전에서 김정용(당시 13세) 씨가 '원망생활을 감사생활로 돌리자'라는 제목으로 강연을 한 일이 있었다.

 어찌나 감명 깊었던지 그 강연의 원고를 일일이 번역하여 보고 한 일이 있다. 나에게는 그렇게 감탄된 일이 없었다. 어린사람이 말도 잘하고 그 내용도 우리 인생이 그렇게만 마음을 먹으면 세상은 자연히 평화세계로 될 듯한 생각이 들어 세상만사를 내 자신이 다 깨우쳐 진 듯한 감상이었다. 후에 그 원고는 주산 송도성 선생이 작성하여 어린 김정용 씨를 훈련시키셨다는 사실도 알았다.

 그 무렵, 종법실에서 나는 종사님께 이런 말씀을 드렸다.

이천　　"종사님, 저는 장차 양어를 경영하여 생활할까 합니다."

종사주　　"(찌푸리시면서) 그 재주 가지고 왜 하필 고기새

끼 키워먹고 살겠나. 그러지 말고 마음을 크게 먹어."

  어느 날 전주지부장 이창옥 씨가 내방하였다. 그가 종법실을 떠난 후,

종사주   "이 지부장은 다섯 살 난 자기 아들에게서 제도를 받은 사람이야."
이천   "어떻게 다섯 살 된 아들한테 제도를 받아요?"
종사주   "저 사람은 전주에서 사법대서를 하는 사람으로 매우 바쁜 사람이나 자기 아내가 현재 박해원옥이라고 입교하여 총부 구내에 자택을 가지고 살고 있으므로 1주일에 한 번씩은 내왕한다고는 하나 나에게는 얼굴도 안 뵈던 사람이 지금은 전주지부장이 되고 또 우리 공부도 착실하게 하고 있네. 그가 입교한 동기가 이렇네. 수년 전에 집에 와서 우물가에서 발을 씻자하니 울밖에 있는 복숭아(예전 교정원 사무실 동편이었음) 가지가 울안으로 뻗어 있는데 그 가지에서 마침 복숭아 두 알이 떨어짐으로 무심히 그 복숭아를 주워 마루에 놓고 발을 닦고는 그 복숭아를 먹으려고 하는데 다섯 살 난 아들이 깜짝 놀라면서 '아버지, 그 복숭아를 먹으면 죄 되니 먹지 말

라'고 하며 말리기에 도적하다 들킨 사람처럼 부끄럽고 또 한편 기특하여 '그러면 이 복숭아를 어찌하면 좋겠느냐'고 물으니 '복숭아 임자에게 갖다 줘야 된다'는 것이었어. 그래서 '네가 갖다 주라'고 하니 그 아들이 즉시 복숭아를 들고 달음질쳐 가서 그 주인에게 주고 오더라는 것이야. 그래서 그 아들의 언동에 감탄하였다 하며 그 날로 즉시 나를 찾아와 입교를 하고 우리 불법연구회 사업과 공부를 열심히 하여 지금은 전주지부장으로 노력하고 있소."

한 때 종법실에서,
종사주   "이천, 만덕산을 모르지?"
이천   "네, 모릅니다."
종사주   "우리가 매수한 산인데 진안 만덕산이라 참 좋은 산이지. 멍청이가 만덕산을 모르다니."

뭔가 암시하는 듯 그리 말씀하시면서 만덕산을 알아야 할 것이라고까지 하신 기억이 난다. 그 생각이 지금도 생생하여 만덕산이 머릿속에서 좀처럼 떨어지지 않는다.

최근 1970년 1월과 그 후 두세 번 대산 종법사님을 모시고 가본 일이 있다. 지금도 나는 만덕산을 잊지 않고 생각하고 있다.

한때 휴식 시간에 사산, 팔산과 내가 좌담 중에 나온 사산의 이야기다.

"우리 종사님의 위대하신 것은 우리 범인으로서는 도저히 측량할 수가 없습니다. 신용리로 오시기 전에 이리 송학리에서 농사를 짓느라고 1년간 우리 종사님을 모시고 있었을 적에 나뭇간 같은데서 오뉴월 장마 때면 무덥기는 하고 그 송학 모기라는 모기는 유명해서 모깃불도 놓을 수 없고 약도 못 뿌리고 하니 있는 사람들은 저녁이면 한잠도 못자고 있었습니다. 그때 종사님은 한 여름 동안 한 번도 잠을 설치지 않고 시간되어 누우시면 그대로 잘 잠을 다자고 일어나시니 무슨 조화이신지 참으로 당해보면 신기한 일이 비일비재이지요. 어떻게 그 모기 속에서 꿈쩍도 안하시고 주무시는지 알 수가 없었어요."

그 무렵 총부 선방(중앙 선방)과 종법실을 뜯어고친 일이 있다. 방을 뜯는 자는 북일면 영등리 송용단 사는 기독교 장로 김 씨라는 사람이었다. 일은 그 이가 하지만 구들장과 방둑 사이에 놓는 고임돌 등 여러 가지를 종사주께서 장대를 들고 일일이 지도하셨다.

이천 "종사님은 방도 놓으실 줄 아십니까?"
종사주 "왜 그려?"
이천 "방 놓는데 일일이 감독하시니 말이오."
종사주 "(웃으시면서) 저 수염쟁이가 뭣을 아나, 내가 일러 줘야지. 저 수염쟁이가 이제는 어디가도 남의 방을 버리지는 안할거야. 이치는 다 한 가지지. 화염은 상(上)이라 불은 올라가는 기운뿐이지."

그 뒤 그 장로로 하여금 각 지부 온돌방을 개수하려면 파송되어 일하게 하였고 그 장로는 종사님을 신봉하였던 것이다. 그 방에 그 많은 사람이 출입하여도 끄떡없이 지금까지 유지되고 조금만 불을 때도 골고루 따뜻하다는 것이다. 그러기에 지금도 나는 총부에 가면 그 방의 형편을 물어본다. 그리하여 그 집은 현재 고가(古家)로 누추하나 사용치 말고 유적 보물로 보존하는 것이 어떠하느냐고까지 총부에 진언한 일이 있다.

그 무렵 내 자신이 지금까지도 신기하게 생각하는 일이 있다. 당시 나의 처소는 종법실 옆방이라 사산 선생, 조송광 선생 3인의 침소였다. 전부터 나에게 복냉증이 있어 7, 8월 환절기에는 반드시 복통증으로 욕을 보는 것이었다. 그 사유를 조송광 선생에게 상의하였더니 "그러면 내가 황 순사 복통이 환치되도록 해주겠다"고 하시고 그 후 약을 주는 것이 아니라 새벽 좌선 때면 나의 배 단전부위를 손으로 만져 주시는 것이었다. 약 1개월간 계속되었다. 그 후부터 나는 지금껏 복통으로 고생해본 일이 전혀 없다.

가정불화를 호소하며 예배드려
서울에서 생(生)부처님 찾아온 여인

당시 하선방에서 회화시간에 나온 지환선 씨(여, 池歡善, 약 40세)의 실감나는 입교동기 한토막이다.

나는 서울에서 왔습니다. 나는 우리 집 무남독녀로 부친께서 나의 배우자를 골랐습니다. 재산도 넉넉하고 하니까 나의 남편 될 사람을 서울에서 중학도 가르치고 또 일본대학에 유학까지 시켰습니다.

나는 남자만 귀국하기를 기다리고 있었는데 그 남자는 동경에서 공부를 착실히 한 후 변호사 시험에 합격하고 그곳에서 다른 여성과 혼인하여 아이까지 낳았다고 합니다. 그가 평양으로 건너와 단란하게 생활하고 있다는 소식을 늦게야 들은 나는 화가 치밀어 살 수가 없었습니다. 홧김에 평양에 쫓아가 그 집에 가서 가재도구를 산산이 다 두들겨 부셔버리기를 수차 했는데, 다시 쫓아가면 벌써 그 사람들은 도망쳐 버렸습니다. 그것도 연거푸 하니 내가 실증이 날 정도인데 상대자는 어떻겠습니까. 그래서 이제는 가만 두고 보니 내가 마음 둘 곳이 없었습니다. 부모 재산은 있으니 부모에게 돈을 얻어 날마다 시내 구경이나 다니곤 했습니다. 그러던 어느 해 4월, 석존 탄일에 관등하러 절엘 갔더니 모인 이들 중에서 '전라도에 생부처님이 생겨났다'는 소문이 많았습니다. 나는 지체 없이 그 이튿날 길을 떠났습니다. 그 생부처님을 보고 내 사정을 호소하여 볼 생각으로 정처 없이 서울을 떠났던 것입니다. 내 생전 처음 전라도 행이었습니다. 어떻게 온지도 모르게 우연히 불법연구회에 당도했습니다. 처음으로 뵈온 종사님은 내 마음에 틀림없는 생부처님으로 생각되었습니다. 예배 후 나는 소원을 하소연했습니다. 그랬더니 종사님 말씀이 "참 잘 찾아왔다"고 하시면서 "당신이 한 남자의 아내로 결정이 되면 무척 편하고 평화로운 생활이 이상대로 될 것 같이 생각했으나 그런 것은 아니오. 그러니 그렇게 한 가정 주부생활로 그치지 말고 이 대중생활에 협력하여 착실히 공부하면 오히려 인간락보다도 천상락을 누릴 수 있을 것이오. 남편이 현재 취처를 하여 자녀를 두었다하니 그게 다 결국은 당신자녀가 될 것이니 그렇게 미워하지 말고 '내가 할 고생을 그대가 한다.'하고 마음을 돌려 대하게 되면 전체가 다 평화로운 낙원으로 변해 갈 것이오. 그때에는 내 말이 옳다 생각되어 당신은 무상락을 누리게 될 것이니 그리 해 보시오."하시는 법설을 듣고 그대로 마음고칠 것을 종사님께 다짐했습니다. 그리고 수일 후 평양에 가서 보니 내가 오는 것을 보고 그 남자는 혼비백산 도망치는 것입니다. 내가 찾아가 위무하고 '그간은 내가 다 잘못했으니 그리 알고 자녀들도 착실히 기르고 안심하고 살라.'하면서 어린애들도 업어주며 여러 날 머물렀다가 돌아 왔습니다. 그랬더니 내 자신 마음도 편안하고 그 사람들도 안심하며 그 연유를 내게 물어 왔습니다. 나는 종사님께 교화를 받았다고 하였더니 그들도 총부에까지 다녀가게 되었습니다. 그래서 그들도 독실하게 신봉하고 현재 매월 남자가 3십 원, 여자는 생활비를 절약하여 5원씩 합해서 3십5원을 꼭 보내왔습니다. 나는 태평하게 이 총부에서 좋은 말씀이나 듣고 내 자신 분에 넘치는 생활을 하고 있습니다.

호리지차(毫釐之差)로 천리지차(千里之差)라는 말과 같이 결과는 종사님의 덕화로 몇 사람이 평화로 이끌어진 것이 아닌가 감탄할 따름이었다.

불법연구회의 경서는 참 진리의 발췌

나는 한문을 배우겠다고 하였더니 그러면 『대학』을 배워보라고 하시면서 별로 배울 것이 없으리라고 말씀하셨다. 대학은 유허일 선생이나 송도성 선생에게 배웠다. 세상에서 사서(四書)라면 대단히 어려운 학문으로 생각하고 웬만한 사람은 배우지 못하는 책으로만 알았다. 그런데 막상 놓고 보니 당돌한 말이나 과연 별로 배울 것이 없다고 생각되었다. 대학을 배울 때 '명명덕(明明德)'이란 뜻에 대하여는 종사님께서 해석해 주시었다.

약 1주일 후는 『중용』을, 약 15일 후 『논어』를 시작하였다. 논어는 그야말로 어론이라 조금 복잡한 생각이 났다. 논어를 배우던 중 '주충신(主忠信)하며 무우부지기자(無友不知己者)요, 과칙물탄개(過則勿憚改)하라'는 구절에서 유 선생에게 나는 반문을 하였다. 그 이유인 즉 자기만 못한 자를 벗하지 말라며 하는 구절이다.

유허일 선생도 그저 구절 문자 그대로 해석하실 뿐 마음에 쾌한 해석이 없었다. 공자가 성인이어늘 사람이 어찌 꼭 자기보다 나은 사람하고만 교제하고 자기만 못한 사람하고 벗을 하지 말란 말은 편벽될 말이 아닌가 하고 의심이 났다. 그래 유 선생하고 말씀 도중 옆에 계시던 종사님께서 해명을 하여 주셨다.

종사주　"허일, 그 뒤 잔주를 잘 살펴보시오."
유허일　"뒤 해에도 별다른 해명이 없습니다."
종사주　"그것은 이천이 묻는 말이 옳소. 그러나 그것은 필시 공자가 당시 제자 중에 꼭 자기만 못한 사람하고만 교제하는 성질이 있어 그 사람에게 원만하고 발전성 있는 교제를 권하기 위한 가르침일 것이오."

그러나 『논어』 뒤 주(註)에 분명한 해석이 없다면 사서를 태워버린 뒤에 전하지 못한 것이오. 하시면서 '경장신단(經長神短)하여 원만한 인격자를 양성함에 성인의 가르침이어늘 어찌 그렇게 괴벽하게 가르칠 것이오.' 하시면서 해석을 해주셨다.

당초 한문을 배우겠다고 말씀하였더니 종사주께서 내 옆에서 배우라고 말씀하시기에 교사는 유산, 주산이었으나 항상 종법실 종사주 면전에서 습득했다. 그리하여 논어·맹자·중용·대학 즉 사서를 일독하고 보니 진실로 불법연구회의 경서가 간이하여 참 진리의 발췌라고 생각되었다. 또한 종사주의 위대성을 차츰 더 느끼게 되었다.

『논어』에 '불천노(不遷怒)하고 불이과(不二過)'란 구절이 있다. 불천노는 이론상으로 당연한 것이 아닌가 생각했다. 그러나 막상 실천하여 보니 참으로 어려운 것임을 알았다. 이론적으로 따져보면 갑(甲)하고 기분상한 일을 을(乙)에게 옮긴다는 것은 있을 수 없는 일같이 생각된다. 그러나 막상 실천에 옮겨보면 참으로 어려웠다. 심지어는 아침에 기분 나쁜 일을 보면 온종일 기분 나쁜 것이 일반인의 기분이다. 심하면 그달 초하루에 기분 나쁜 일을 보면 그달 내내 재수가 없다는 것이 일반 상례같이 말하는 것이 아닌가. 그래서 종사주는 대중을 거느리고 있으니 어떻게 하고 계시는가. 과연 불천노 하시는가 나는 유념하여 보았다. 종사주는 이를 서슴없이 실천하고 계셨다. 예를 들면 종법실 동문에서 여자학도들에게 추상같이 꾸지람을 하시다가도 남문쪽으로 오시어서 남학도

나 사무원들에게 말씀하실 때는 그 노하시던 기색이 전혀 없이 춘풍화기로 말씀하시는 것을 보았다. 또 내가 일부러 다른 학도들에게 꾸지람을 단단히 하시는 틈을 타서 들어가 말씀을 해보면 노하신 기분은 전혀 볼 수 없었다. 나는 지금도 불천노를 수양삼아 실행하여 보려고 애쓰다 여의치 못함을 탄한다.

조선의 종교단체 결국 민족주의로 변해버리니…
일인 경무국장 "사은에 왜 황은(皇恩)은 없는가"

1937년 8월경 돌연 조선총독부 삼교 경무국장이 전라북도 경찰부장, 고등과장, 이리서장, 고등주임, 신문기자, 조선총독부, 도서과, 종교전문관속 등 7, 8명이 총부에 들어왔다. 대각전 북쪽 응접실(현 오르간 실)에 좌정하고 종사님 이하 전 간부를 호출하는 것이었다. 명령대로 전원 참석하였다. 당시는 어마어마한 좌석이었다. 임석하자마자 삼교(三橋) 경무국장이 종사주에게 대하여 "그대들이 교의 종지를 일원으로 하고 일원은 사은이라 하여 천지은, 부모은, 동포은, 법률은을 나열하고 있으나 천황의 은이 없는 이유는 뭣이냐?"고 물었다. 통역은 물론 내가 했다. 나도 교리에 대하여 연구하였다는 자신이 있었으나 이 질문에는 참 앞이 캄캄할 정도였다. 그래서 '이제는 도리 없이 당하고 마는구나' 하고 마음속으로 체념하고 그 말을 천천히 자상하게 종사님께 여쭈었다.

종사주　"(합장하시더니 서슴치 않고) 이 사은이 국민의 위치에서는 전부가 황실의 은혜요, 불제자의 위치에서는 사은이 전부 불은이 되는 것임으로 황실의 은이나 불은을 사은과 같이 개별적인 하나의 은혜로 표시하는 것은 안 되는 것입니다. 그러므로 우리가 불제자이지만 불은(佛恩)이라는 문구표시가 없는 것입니다."

　대답이 끝나자 종교전문가인 듯한 도서과에서 온 사람이 만족감을 느끼는 듯한 태도와 긍정하는 형용으로 '그렇다'고 머리를 끄덕이며 삼교 경무국장에게 '그게 옳다'고 말했다. 나는 불안한 분위기가 해소되자 용기가 났다. 다음은 불법연구회 사람은 다 나가고 나만 있으라는 것이었다. 여기에서 삼교 경무국장과의 일문일답이 시작되었다.

경무국장 "그대가 수년간 이 종교단체의 진상을 조사하느라고 수고한다는 소식을 들었는데 대체로 군이 조사한 결과는 어떠한 종교단체라고 생각되는가?"
이천 "제가 살펴 본 바로는 이 종교단체는 진실로 좋은 종교단체라고 생각합니다."

이때 경찰부장, 서장, 고등과장 등은 안색이 돌변하여 그 살기 등등한 모습은 지금도 잊히지 않는다. 그러나 나는 종사님의 사은 해명으로 용기가 났다.

경무국장 "군의 말대로 좋은 단체라고 해두자. 그러나 이 단체에 대하여 군이 아는 바와 같이 경찰력을 총동원하여 직접 간접으로 발전을 저지하고 있는 것이 아닌가. 그럼에도 불구하고 나날이 교도가 늘어나고 있다. 조선의 종교단체는 대개가 처음에는 좋은 일을 하는 듯하다가 나중에는 민족주의로 집약되는 것이 상례이다. 이 단체를 좋은 단체라고 그저 방임할 때 머지않아 2천만이 한 덩어리로 뭉쳐질 가망이 없지 않다고 생각된다. 장차 2천만이 한 덩어리로 뭉쳐진 다음 옆길로 들어가게 될 때는 어찌할 것인가. 현재 백백교나 보천교도 그렇게 되었다."

이천 "알겠습니다. 각하. 그러나 한 예를 들어 말씀드리자면 대화혼(大和魂)의 일본도는 정의에 의해서만 사용하게 되어있지만 어느 한 불량자가 그 일본도를 사용하여 살인강도나 기타 불의한 행위를 했다고 해서 그 일본도 만드는 것을 금지할 수는 없는 것 아닙니까. 일본도의 제조는 장려하고 사용은 정의에만 사용하는 것이라고 지도 교육하는 것이 정치라고 저는 생각합니다. 그러므로 이 단체는 정치적으로 잘 지도하여 심전 계발, 농촌사업 등 교화사업에 이용하면 상당한 이용가치가 있는 단체라고 생각됩니다."

경무국장 "그런가? 그러면 이 단체를 군에게 일임하면 옆길로 가지 않게 지도할 수 있는가?"

이천 "각하. 미급한 자입니다만 저에게 맡겨주시면 그런 불상사가 없도록 지도해 나갈 수 있다고 자신합니다."

경무국장 "좋아. 그렇다면 군에게 일임하겠으니 잘 지도해주기 바라네."

  그들이 떠난 후 즉시 종사님을 찾아 가서 경무국장과 나눈 내용을 말씀드렸더니 종사님께서는 말 잘했다고 칭찬하시었다. 그러나 내 생각에는 이번 경무국장 내도가 최후심판으로 무슨 처단이 내릴 것만 같았다. 그런 근심스런 말씀을 하였더니 종사님은 걱정 말라고 오히려 위안해 주시면서 경무국장이면 일국의 정치인이라 하부에 있는 서장이나 그런 사람들과 달라서 이치를 알 것임으로 염려될 것 없다고 하셨다. 또한 사필귀정이라고 아무 잘못 없이 그렇게 경홀히 처리하지는 않을 것이라고 하시면서 조금도 걱정되는 빛이 없었다. 이번 뿐 아니라 그동안 종사님께서는 금방 해산될 듯한 경우에도 추호도 걱정스런 빛을 찾아본 일이 없고 항상 사필귀정이라고 하시면서 '그만두라면 그만두지 무슨 걱정이냐'고 하셨다. 그러시면서 '보따리 짊어지고 나가면 밥 못 먹고 살까'라고 하셨다.

관혼상제법 총독부에서 예전 참고해
금방 해산 될 듯하나 추호도 걱정하는 빛 없어

동양 풍운이 일어나기 전 중국에 서안사건(西安事件)이 발생했다. 내용인즉 서안에서 장개석이 장학량(張學良)에게 구금된 사건이라 이 사건이 신보에 연재되었다. 종사님은 전음광으로 하여금 그 신문을 읽게 하고 꼭 들으셨다.

종사주 "참 좋은 세상이 온다. 장개석이 동양영웅은 된다."
이천 "종사님 혼자만 아시지 말고 자세히 좀 가르쳐 주십시오. 좋은 세상이라면 무슨 좋은 세상이 오겠습니까?"
종사주 "참 좋은 세상 오지, 와. 내가 다 알지만 일러주면 나를 잡아 갈걸."
이천 "그게 무슨 말씀이오. 종사님을 어떻게 잡아가요."
종사주 "잡아가고말고. 잡아만 가나, 나를 곧 죽일 것인데(좀 흥분된 어조로). 수만 명을 가르치는 사람이 그런 돌아오는 세상을 모르고 뭣을 가르치겠나. 내가 만년후사까지도 알지. 그러나 내가 아는 대로 일러주면 저희들이 모르는 줄은 모르고 아는 나를 잡아다 죽이는 거야. 어느 시대를 막론하고 그렇게 처리되는 거야. 내가 있다는 증거를 대줄테니 들어봐. 이 회상을 창립 때 조선에서 첫째로 고쳐야 할 관혼상제법을 고쳐 예전을 만들었더니 교도들이 진리는 좋은데 그놈의 관혼상제법이 상법이라 신봉하고 다닐 수 없다고 안 다니는 사람이 있었어. 그러나 지금에 와서는 총독부에서도 내 법이 좋다하여 우리 예전을 갖다 참고하여 약간만 수정하여 의례편람(儀禮便覽)을 만들지 않았는가. 이런 것은 좀 앞당겨서 변경해도 아는 사람은 알고 모르는 사람은 몰라. 별탈이 없어도 세상사의 앞길을 당겨 말하면 죽고말고. 그러나 이천은 좋은 세상 보겠고만. 참 좋다!"

이천 "종사님하고 저하고 연령 차이가 얼마나 돼서 저만 좋은 세상을 봅니까?"

종사주 "나는 좋은 세상을 못 보지(이때 안색이 초조해 보이면서 몸에 약간의 경련을 일으켰다). 그러나 좋은 세상이라고 하는 것은 세계 각국에서 조선에 대해 서로 다투어 구원해 줄 것이며 관광하는 사람들이 많이 드나들 것이다. 참 좋은 세상 온다. 부지런히 공부해라. 너희들은 몰라도 외국 사람들이 내 법을 먼저 알아다 쓰게 될 것이다."

체화(棣花)가 불법연구회 교화인가?
종사주 사생활 문제 보고 개요

   1937년 11월경 동선 중이었다. 종사주가 야간 선방에 오셔서 이천에게,

종사주   "어디 시험을 좀 보자. 얼마나 공부가 되었는지. 옛날 위산선사가 열반하시면서 '내가 죽은 뒤 소가 되어 세상에 나온다'고 하신 바 과연 소가 그 뿔에 「위산선사」라 박아 가지고 나왔다는 것이다. 그러면 그게 소라고 할 것인가 위산선사라고 할 것인가?"

이천   "소도 아니고 위산선사도 아니며 소 아님도 아니요, 위산선사 아님도 아닙니다."

종사주   "공주, 만법이 하나로 돌아간다 하니 그 하나는 어디로 돌아가는 것일까?"

공주선생   "(묵묵부답)."

 이상 두 사람에게만 물어 보셨다. 내가 말한 답이 합격인지 불합격인지 알 바 없고 또 그 후 말씀하신 일도 없다.

 1939년 7월경의 일이다.
이천   "종사님도 육신을 가지신지라 어느 때인가는 열반하실 텐데 종사님이 열반하신 뒤에도 이 불법연구회가 그대로 계승되어 나갈까요?"
종사주   "그렇지, 그 의심을 가져야지. 대개의 종교 단체는 교주 개인을 신봉하고 있는 고로 그 사람이 죽으면 흐지부지되고 마는 것이 흔한 일이나 이 불법연구회는 나 개인을 믿기보다 내가 낸 법을 옳다고 신봉하기 때문에 내가 죽어도 내 법은 영구히 계승될 것이오."

 이렇게 말씀하신 끝에 참으로 좋은 말을 물었다 하시면서 그 즉시 사무실로 주산 송도성을 불러 그 자리에서 솔성요론 제3조「사람만 믿지 말고 그 법을 믿을 것이요」를 제1조로 하라 하시면서 기뻐하셨다.

1939년경에는 종사님께서 머리를 너무 써서 머리가 아프니 이제 먼 곳으로 수도의 길을 떠나야겠다는 말씀을 가끔가끔 하시고 중요 간부들에게도 "내가 수도 길을 멀리 떠나 좀 조용하게 있고자 하니 나만 믿고 있지 말고 부지런히 정리하라"는 말씀을 자주 하셨다. 이는 소태산 대종사 열반 2, 3년 전부터였다. 이 무렵 '처처불상(處處佛像) 사사불공(事事佛供)'이란 말이 났다. 그 내용은 참으로 적절한 법어였다.

그리하여 내가 세상 이치를 다 깨친 듯한 심정이어서 예회 날 대각전에서 자청 강연을 했다. 그런데 그때 광주에서 한 교도가 총부에 왔다가 그 광경을 보고 광주에 돌아가서는 총부에 순사 하나가 종사님 법설을 듣고 바로 도통했다고 선전을 했던 모양이다. 그게 사실이냐고 광주 경찰서에서 조사가 나오고 본서에서는 나를 제2대 종법사가 되었다고 야유하는 것이 아닌가.

그래서 어느 날,

이천　　"종사님, 저를 경찰서에서 2대 종법사라고 부릅니다."

종사주   "그 사람들이 어떻게 알고 그런 말을 할까?(깜짝 놀라는 모습이었다.)"

이천   "알긴 뭘 알아요. 그저 비웃는 말이죠."

종사주   "아냐, 왜 이천이 2대 종법사 될 자격이 없나. 꼭 있지, 있고말고. 2대 종법사 될 자격이 있는 사람이야. 지금도 내게 한 3년만 꼭 맡겨주면 그런 자격자를 만들 수 있는데. 도가에서 보화성(普和性)이 으뜸인데 이천은 그 점이 뛰어나. 많은 사람들이 다 좋다고 하더군."

1940년 8월경 전문 사찰을 그치고 나오라는 명령을 받았을 무렵 경찰서에 모아놓은 괴상한 내용의 조사지령을 받았다.

1. 종사주의 사생활 문제 보고 개요

종사주는 일신을 불법연구회 공사에 바쳤다 하고 처자가 있어도 별거할 뿐 아니라 경제관계도 부인이 자립생활로 근근이 생활해 나가는 바 종법사는 수년 동안 봐도 자기 사가에 일투족(一投足) 하는 일도 없고 일반교도와 똑같이 대하며 가족에 대하여도 하등의 후대하는 사실이 없다. 심지어는 농사도 그 부인이 퇴비 등을 머리에 이어다가 전답에 버리는 형편으로 근로생활을 계속하고 있어 특기할 일이 없고.

2. 체화를 불법연구회 교화로 각처 지부에 심게 한다하니 그 이유

체화(일명 형제 꽃, 산앵두나무꽃)는 화단에 재배하는 예는 많으나 이를 교화로 제정하여 특별히 가꾸게 명한 사실이 없다. 다만 체화는 다른 나무와 달라 한 가지가 나올 때는 반드시 쌍 가지가 나오게 되는 고로 상조하는 의미가 포함돼 있다고 해서 그 꽃나무를 애용할 따름이다.

3. 대각전 법당 앞에 일월과 북두칠성을 수놓아 쳐놓은 이유

이는 교리와는 하등 관계없이 이공주 장남 박창기가 기증한 것인 바 어린사람이 장식으로 그저 수놓은 것에 불과한 것이다.

4. 보화당에서 처녀가 사망했는데 그 원인 규명

보화당에 있으면서 이리 천일고무공장에 다니다 사망한 사실이 있으나 당시 폐병환자로 삼산병원, 이리병원 등에서 진찰도 받고 치료받은 사실이 분명함으로 능욕과 타살의 증거는 전혀 없어 사실 무근한 것이다.

5. 은자, 은녀, 법자, 법녀의 제도상 내역

법연을 의미하여 제도적으로 되어 있는 것이지 그렇다고 해서 친자녀와 같이 동숙하거나 동거하는 일이 없어 의심할 바 없다.

6일 후, 향정경부보(向井警部補) 고등주임이 그 보고서를 가지고 총부에 와서 직접 조사하는 것이 아닌가. 그때는 전문 사찰도 그만두고 나가려 할 때라 나를 찾아 종법실에 와서 일일이 묻는 것이었다.

내가 보고한 것들에 대해 다시 꼬치꼬치 캐물으면서 내가 뜻대로 대답을 안 해줄 경우에는 불쾌한 어조로 말하곤 했다.

나는 향정경부보에게 "당신이 조사할 대로 해서 내가 잘못 안 사실을 발견하기 전에는 이 문제에 대하여는 다시 나하고 말하지 맙시다. 나도 직책상 상당히 조사하여 자신 있는 보고를 했던 것이오. 그럼에도 불구하고 주임 당신 도대체 나를 사람으로 알지를 않고 대하니 낸들 당신을 사람으로 대할 수 없오."라고 하니 그는 "사람으로 대할 수 없다는 말이 무슨 말이냐"고 반문했다.

나는 "당신이 사람 대접을 않고 말을 하니 나도 그럴 것은 뻔한 일이 아니냐"고 응수했다. 나는 또 "그러니 당신 말에 대하여는 일체 대답도 안할 것이오. 또 통역도 안할 터이니 마음대로 하시오."라고 했다. 그랬더니 그는 오히려 웃으면서 말을 청했다. 그가 돌아간 뒤,

종사주 "이천, 공부가 부족하여 그 사람하고 대지르면 못써. 모르는 사람이니 끝까지 잘 타일러 줄 도리를 해야지."

이천 "못 쓰면 말지요. 그 자식 제가 모르는 줄은 모르고 그 하는 짓 좀 보세요."

이 상황을 보고 참으로 기뻐하는 분이 유산 선생이었

다. '참, 이천은 의기남자'라고 찬양하시고 주산 선생도 통쾌하다 하시었다.

등상불 퇴치 암시했으되 노망(老妄)으로 푸대접
진묵대사 이미 동정간(動靜間) 불리선(不離禪) 공부해

　1940년 8월경 그때는 내가 사택에 가서 있었다. 하루는 종사님께서 유산, 주산, 사산, 일산 선생 등을 대동하시고 산업부를 거쳐 우리 집에 들르시었다. 그때는 나도 마음이 상당히 침착하여 책이나 읽고 또 서도에 취미가 있어 글씨도 쓰고 했다. 그때 성주 3편을 화선지에 써서 벽에 걸었다. 이것을 보시고 종사주께서 "누가 저렇게 썼느냐"고 하시기에 "제가 썼습니다"고 했더니 "잘 썼다"고 하시면서 달라고 하셨다. 그러시면서 나도 한 장 써줄 테니 그리 알라고 하셨다. 그 글씨는 말아서 주산 선생이 들고 가셨다.

　이튿날 나는 황등주재소 재직 시 용산 유 선생으로부터 받은 조선명필 창암 이삼만이 쓴 자첩을 가지고 총부 사무실에 가 주산 선생에게 드렸다. 귀한 자첩이라 사무실 전원이 모여 보더니 참으로 기뻐하는 것이 아닌가. 나는 자첩이므로 한 자 한 자 분리해 보았을 따름 구절로 된 그 내용의 의미는 전혀 몰랐었다. 주산 선생이 보시더니 "이것은 우리의 보물"이라면서 "일원상의 종지"라는 것이다.(古佛未生前 凝然一相圓 釋迦猶未會迦葉豈能傳)

주산 선생이 보시고 참으로 기뻐하셨다. 그달 회보에도 그 글이 게재되었다. 특히 주산이 서도에 열심인터여서 그 자첩은 자청해서 기증하였다. 주산은 어찌나 좋아하시면서 감기기운인 때도 그 자첩만 보면 감기가 달아난다고까지 하셨다. 아깝게도 그 자첩은 6·25동란 때 분실되었다고 한다.

한때 종법실에서,

종사주 "옛날 진묵대사라는 분이 노승으로서 어느 절에 계실 때 불공이 들어와 불공을 하라하니 빗자루를 거꾸로 잡고 부처의 머리만 탁탁 치면서 '애기 태워달라니 태워줘' 하고 서너 번 말만하고 그만두니 사내(寺內)에서 승려들이 노망했다고 푸대접했다. 그러나 진묵스님은 도통하신 대사인지라 그때 벌써 등상불은 쓸 데 없다는 것을 암시하셨지만 일반승려는 그걸 모르고 노망했다고만 하여 푸대접했다는 것이다. 또 진묵대사는 그때 벌써 동정 간 공부를 실천하였으니, 중이 항시 장보러 간다하고 전주시장에 나간다는 것이다. 중이 무슨 장엘 가나하고 의아해 했다. 그가 다녀와서는 장을 잘 봤다고 희색이 만면하기도 하고 어느 때는 장에 가서 실패하였다고 하여 불쾌한 심상이 있었다고 하니 그것은 장에 갔을 때 온갖 색상에 내 마음이 끌리는가 안 끌리는가 시험하러 간 것이니 이것이 곧 실질적인 동정공부니라."

주산   "전설에 의하면 진묵대사께서 어느 날 귀로에 뜻밖의 폭우로 하천이 넘어 건너가기를 주저하고 있던 바 동자들이 그 하천을 건너가면서 '별일 없으니 건너오라'고 하기에 진묵이 물에 들어갔다 빠져 겨우 언덕에 올라와 '사술(詐術)은 불여나한배(不如羅漢輩)나 대도증문사구(大道曾門沙丘)라 하였다' 하시면서 나한배(羅漢輩)라 함은 오백(五百) 나한을 말한다고 하셨다."

"이천이 나를 모르지"
"영산 법성포로 도(道) 실러가자"

    1939년 3월 26일 총회가 끝나고 밤에 여흥이 벌어졌다. 그때 황정신행 선생의 승무, 김형오 씨의 독경 등 아주 재미있는 판국인데 정한 시간이 다가왔다. 전음광, 김형오, 나 3인이 상의한 결과 한 시간 더 연장해 달라는 허락을 종사님께 청하여 보기로 했다. 직접 찾아가서 말씀드리기로 하고 찾아간 것이 나였다. 한 시간만 연장해 주실 것을 요청해 보았으나 안 된다는 말씀이었다. 나는 그만한 청은 그리 어려운 일이 아니라고 생각했던 처지라 좀 서운한 생각이 들었다. 그리하여 오락회는 그대로 마쳤다. 다음날,

이천   "종사님, 어젯밤에는 좀 섭섭합디다."
종사주   "뭣이 그리 섭섭했을까?"
이천   "각처에서 교도들이 모여 1년에 단 한빈인 총회 끝에 이루어진 오락회인데 한 시간만 연장해 주셨으면 만족했을걸 그걸 거절하시니 참으로 섭섭합디다."

종사주 "그것은 모르기 때문이지. 알고 보면 섭섭한 생각이 추호도 없을거야. 단체의 규율은 곧 그 단체의 생명이거늘 한 시간의 연장이 아무것도 아닌 것 같으나 그 조그마한 일이 해이되면 자기도 모르는 사이에 마음이 풀어지거든. 형편대로 자행자지(自行自止) 하는 사람이 생겨 수양공부와 실천공부에 큰 지장이 오는 것이니 각별히 명심하여 조그만 일에도 유의해야 돼. 큰 방천(防川)도 조그마한 개미나 모래구멍으로부터 흠이 나는 것이 진리야. 사람들은 흔히 큰일은 걱정도 하고 조심도 하나 조그만 일은 경홀히 하나 수도하는 사람은 대소사를 막론하고 항상 마음을 굳게 가져야 할 것이오. 지금도 섭섭한 생각이 있소?"

이천 "잘 알았습니다. 섭섭타고는 하였으나 지내고 보니 별일도 아니구만요."

　그 무렵,

전세원 "종사님, 총부 동편 도로가에 있는 송림을 벌채한다는 소식이 있습니다."

종사주 "그 송림을 벌채하면 못 쓸 것이니 사든지 하여 송림을 그대로 두도록 해라."

이때 종사주의 태도는 심히 걱정되는 형상이었다. 그 송림이란 현재 원광대학교 동쪽 계룡리에 사는 정 씨의 사유림이었다. 그 사람은 대단히 찍찍하고 비교적 양보심이 적은 촌민인지라 그 송림을 벌채하면 불법연구회에 지장이 있다고 해도 좀처럼 양보할 사람이 아니어서 곤란한 일이라고 생각되었다.

그런데 사나흘 후에 들어보니 정씨와 직접 타합한 결과 "귀회에서 그렇게 필요하다면 벌채를 않고 팔겠다"고 하여 별 고가도 아닌 가격으로 사들였다고 한다. 나는 별 조화가 있는 신통한 일이라고 생각했다.

하루는 종사주께서 종법실 옆 응접실에서, "이천이 날마다 나하고 같이 앉아 있는 것을 보고 속도 모르는 사람들이 시기를 하고 있다."는 말씀을 하셨다.

종사주 "이천이 나를 모르지."
이천 "제가 왜 몰라요. 종사님이신데."

종사주   "그게 아니고, 언제나 나를 알아볼런지 몰라. 고깃덩어리 눈에는 뵈지 않아. 혜안이 떠져야지."

  종사주께서는 흔히 말씀 끝에 강증산 선생을 찬양하시었다. 강증산이 길을 가다 한 노인이 지팡이를 짚고 가는 것을 보고는 돌연 좇아가서 그 노인의 지팡이를 빼앗아 부러뜨려버렸다. 그 노인이 노하니 "당신이 그 지팡이를 의지하고 다니다가 지팡이가 없어지면 어찌할 것인가" 하고 말했다는 것이다. 이는 '자력생활을 하라는 시사'였다고 말씀하시고 또 부설거사(浮雪居士)의 말씀을 자주 하신 기억이 난다. 강증산이 배산(盃山)에 올라가 눈앞의 평야를 가르치며 "이게 무슨 평야냐"하고 물으니 동리사람들이 만석리(萬石里)라고 대답하자 "무식한 사람들이다. 만석리가 아니고 만승리(萬僧里) 즉 도승 만인이 날 곳이다"고 했다는 말씀도 들었다. 또 예부터 '영광 법성포로 돈 실러 가자'는 말이 전해 내려오는데 돈 실러가자가 아니고 '도(道) 실러가자, 도 실러가자, 영광 법성포로 도 실러가자'는 말이 와전된 것이라고 하시었다.

생각지도 않았던 과수원 마련하게 돼
세상사가 꼭 돈만 가지고 되는 것은 아니다

어느 날 유산 선생을 모시고 배산에 올라갔다. 이 근방에서 영주할 목적으로 주택지를 하나 마련해 볼까하고 갔다. 등산 후 좋은 곳이 있으면 택하여 달라고 했더니 유산 선생 말씀이 "우리 종사님께서 참으로 잘 아시는 분"이라고 찬양하셨다. 총부 처소는 양택지로 볼 때 '천하의 명지'라고 하시던 일이 생각난다.

1940년 9월경이라고 생각된다. 돌연 김형오 씨를 통하여 종사님께서 잠깐 다녀가라는 분부였다. 그날 오후 5시경 종사님을 찾아가 뵈온바 별 말씀도 없고 웃으시면서 여러 날 안 오기에 보고 싶어 오라고 했다는 것이다. 그래 종법실에서 저녁 공양을 받으며,

종사주　　"이천, 내가 살아보니 세상이란 퍽 허망한 것으로 곧 늙는 것이야."
이천　　"그렇죠. 세상은 허망하다는 것 아닙니까."
종사주　　"그런데 이천도 지금은 젊으나 곧 늙어. 그러

니 장래 생활계획이라도 세워야 아이들도 교육시키고 하지. 노상 친구만 좋다하여 빙하니 놀러만 다니고, 그러면 곧 늙을 것이오. 또 부인 도훈이가 심상이 좋아서 장차 자녀를 두면 훌륭한 자녀를 두게 될 것이니 내 말을 헛되이 생각지 말고 유념하시오. 이천, 아는바와 같이 내가 여러 가지 직업을 시험하여 보았으되 그중에서 과수 재배가 제일 나아. 그러니 이천도 그런 과원이나 하나 만들어 보도록 하지."

이천   "과원을 하려하나 땅이 있습니까, 돈이 있습니까. 맨손으로 어떻게 과수원을 만든다는 말씀입니까."

종사주   "그렇지! 그러나 내가 여기 가만히 앉아 듣자면 이천이 나쁘단 사람이 없어. 이런 때 무슨 일이라도 하려고 하면 대중이 다 위해주어 되는 수가 있어."

이천   "종사님도 갑갑하시오. 아무것도 없는 사람이 마음만 먹고 있으면 된단 말씀이요?"

종사주   "그렇고말고. 세상사가 꼭 돈만 가지고 되는 것은 아니야. 대중이 옹호하여 주면 자연적으로…."

    북일면 사무실에서 김양수라는 친구를 만났다. 양수에

게 종사님이 하신 말씀을 전했더니 "종사님이 말씀하셨다니 말이지 나도 자네 장래일이 걱정되네. 나뿐만 아니라 불이농장 북일출장소장 중촌이도 공연히 자네 걱정을 하고 진전농장 복전이도 자네 걱정을 하더군. 그러니 무슨 조건이든지 만들어 보세."라고 했다.

이에 나는 "자네도 종사님하고 똑같이 답답하네. 아무것도 없는데 뭣을 하자는 말인가" 하고 웃었다. 그러나 이것이 마음에 씨가 되어 과수원이나 하나 조성하여 볼까하고 첫째, 장소(土地)를 물색해본 바 현 원광대학교 동남쪽에 위치한 임야 3정보가 적지였다. 그러나 그 토지를 조사해 본즉 일본인 불이농장의 소유가 아닌가. 도저히 어려운 일이었다. 지나가는 말로 친구 김양수에게 말했더니 그는 즉시 불이농장 중촌에게 전했다. 그랬더니 중촌의 말이 "그렇다면 어떤 방법을 써서라도 황 순사에게 줄 테니 그만한 평수만 구해 달라. 그러면 교환해 주겠다"는 것이었다. 다음은 교환할 토지를 구해본 바 현영리에 적당한 평수가 있으나 양심상 그 토지하고 교환해 달라고 말할 수는 없었다. 그러나 친구가 중촌에게 사실대로 말했더니 관계없으니 교환해 주겠다는 것이다. 그

땅은 만석리 박래숙의 소유로 별 소용이 없으니 적당한 가격으로 가져가라고 한다. 돈이 없으니 평당 9전으로 그대로 불이농장에 이전하고 불이농장에서는 이곳에 이민촌을 만든다는 조건 아래 일본 동경 본소에까지 보고하여 교환이 되었다. 실지가격을 비교할 때 영등리 것은 평당 70전은 무난히 받을 수 있어 상당한 차이가 있건만 그저 교환해 줬다. 이 소식을 듣자 북일면 일인 과수조합에서 잘했다고 하면서 마침 대구 대장공장에서 이리에 복숭아 통조림공장을 세울 목적으로 황도재배를 권장하니 그 조합에 가입하면 묘목, 비료 등을 무상으로 배부 받으니까 가입하라는 것이었다.

종사주의 권유로 나는 순간에 재산이
종사주 병환 …… "꾀병이십니까"

다음은 이리 구시장에 거주하는 임병도(林秉道)라는 친구가 북일까지 조조(이른 아침)에 일부러 찾아와 소식을 듣고 재미있게 생각한다면서 다른 것은 보조할 수 없고 퇴비는 자기 집에 산 같이 쌓였으니 실어다 식수하라는 것이었다. 이어 과수 가옥을 건립하려 하였더니 신리(新里) 김씨문중에서 과수원 옆 선산에서 벌채를 하므로 삼간건재(三間建材) 매도를 요청하였던바 '우리 선산 벌채를 하는데 십시일반이지 황 순사에게 무슨 재목 값을 받겠느냐'면서 걱정 말고 있으라더니 삼간건재 기타 연료까지 무료로 주는 것이 아닌가.

또 북일면사무소에서는 보조가 나왔다하여 우물을 파주고 또 3정보(町步)를 육지선(陸地線) 재배지로 한 군(郡)에 신고한다 하여 가(加)인산비료 36입(叺)을 무상으로 보조받았다. 이상과 같이 나는 각계각층에서 서로 다투어 후원해주는 바람에 과수원은 오히려 돈을 벌어가면서 덩실하게 이뤄졌다. 평당 9전씩 외상으로 토지를 얻어 교환 후 농장에서 받은 토지는 익산금융조합에서 2십전씩 대부를 받았다. 생각도 안했던 이러한 재산이 순간에 이뤄지고 보니 이것은 과연 기적이라 아니할 수 없고 종사주의 위대한 도력을 짐작할 수 있었다.

손에 아무것도 쥔 것이 없는 사람이 당시에 만원 이상의 자산을 만들었으나, 다만 종사님의 지도 말씀 한 말로 이루어질 적에 이 복잡한 수속 절차에 나 자신 도장 한번 가지고 사정 차 다녀본 일이 없이 말끔히 이뤄졌다. 그리하여 과수원 식부(나무나 풀을 심음)도 완료하고 감시 가옥 기타 제반시설이 완료되자 1941년 4월(소화 17년) 북일면에서 익산 황화면 주재소로 전근 발령이 되었다. 돌이켜 보면 꼭 그 시기가 아니었으면 과수원 조성은 불가능했던 것이다. 독자는 여하히 해석할지 모르나 이는 지금 다시 생각해봐도 신기하기만한 종사주의 신통력이요, 또 나를 생각하시어서 주신 송별금이었다고 밖에는 생각되지 않는다.

황화에서 약 3개월 있다가 다시 본서로 전근, 다시 약 3개월 후 고등 형사로 임명되었다. 이때 도 고등과장(神易)이 이리에 와 서장실에서 나를 불렀다. 용무인 즉 전라남북도, 충청남도 기독교 교역자를 합하고 '신사(神社)와 종교'라는 제목으로 강연을 할 터인데 적당한 통역자가 없다하여 익산군 교화주사 계창환, 이리경찰서 조선인 경부 육무철, 그리고 나 3인을 놓고 서장실에서 통역시험을 한 일이 있다. 신도고등과장은 조선어를 우리보다도 잘하는 자이나 역시 조선말로는 말을 안 하고 통역을 놓고 강연을 하려는 것이었다. 그때 내가 통역으로 선정되어 약 6시간에 걸쳐 강연 통역을 했다. 그 후 각처에서 서신으로 나에게 하나님의 은혜로 잘 되어지기를 매일 기도한다는 추앙의 편지가 70여 편이나 날아왔다. 그 뒤 소식으로는 전주의 홍전도 부인은 죽는 날까지 나를 하나님의 품에 들어오게 하려고 늘 기도했다는 것이다.

'종법사' 감투 놓고 투쟁하다 자멸할 것이다
종사주 열반 …… 통곡소리 천지 흔들어

1943년 6월 1일 종사주께서 병환으로 서울에서 치료하시다가 이리병원으로 오시었다는 소식을 듣고 즉시 이리병원 특별실로 찾아갔다. 병원 복도에는 20여 명의 교도들이 즐비하게 앉아 있는데 전부 안색이 초조한 빛이었다. 김형오 씨를 만났다. 그러나 일절 면회사절이라고 붙어있어 들어가지 못하고 있었더니 어찌 아셨는지 종사님께서 이천을 부르신다고 박장식 씨가 문밖에 나와 입실할 것을 권하였다. 따라 들어가 뵌즉 조금도 중환자인 듯한 모습이 아니었다. 그래서 반가운 마음으로,

이천   "종사님, 밖에서 들은 바는 대단히 위중하다고 들었는데 와 뵈오니 아프신 것도 안 같은데 꾀병이십니까?"

종사주   "저런 멍청이 봤나. 금방 죽게 된 사람보고. 그러나 경찰서장 회의가 있었다는데 무슨 회의였던가?"

이천   "대동아전쟁을 위하여 국민으로 하여금 전력에 총집중하라는 회의지, 다른 일이 있겠어요."

종사주   "우리에 대한 말은 없었던가?"

이천   "불법연구회에 대하여서는 별 말 없었습니다. 자세히는 몰라도 지금은 별로 말이 없습니다."

종사주   "(잠시 그대로 계시다가)이천! 세상이 허망한 거야(머리를 숙이시고). 식은 밥 한 덩이가 그리 큰 것 아냐."

이천   "(웃으면서) 제가 그게 그리 크다고 합니까."

종사주   "내가 먹고 싶으니, 창기야 너는 시내에 가서 파인애플 한통을 구해오고, 장식이는 시내에서 제일 좋다는 샘물(우물물) 한 그릇을 구해 오너라."

이천   "저는 가렵니다."

하고 나오니 종사주께서 한 손을 방바닥에 짚으시면서 잠깐만 기다리라고 하신다.

나는 당시 오래 모시고 말씀드리는 것을 일반교도들이 싫어하는 기색이 민망하여 그대로 뿌리치고 나와 버렸다. 나와서 생각하니 무엇인가 긴요히 하실 말씀이 있는 듯 지금도 뿌리치고 나온 것을 후회한다. 병실에서 나온 즉시로 약 3백미터 떨어진 경찰서로 갔다. 그런데 사무실에 들어서자마자 종사님이 열반하셨다는 전화가 왔다. 마침 내가 받을 수 있었다. 즉시 서장실에 가서 보고했다. 서장은 전 간부를 불러놓고 대책을 논의하는 것이었다.

서장 "종법사가 사망하였으니, 그 후계가 어떻게 될 것인가?"
이천 "전남 영광지부장으로 있는 송규가 후계할 것입니다."
고등주임 "그렇지 않다. 군이 뭘 보고 그렇게 생각하느냐. 후계자는 서로 종법사 감투를 놓고 치열한 투쟁이 벌어질 것이다. 유허일, 이공주, 전세권(음광), 오창건 등이 있지 않은가. 그래서 파벌이 생기곤 하여 자멸할 것이 분명하다. 두고 보아라."

그리하여 도에 보고하는 데는 내 말도 참작하고 하여 '전남지부장 송규가 유력하나 결국은 파당싸움이 벌어져 자멸할 것이 분명하다'고 하였다.

다음은 서장 명령이 '출상 시까지 군이 전담하되 출상은 각지에서 많은 교도들이 집합할 것을 방지하고 될 수 있는 대로 조속히 출상토록 하라'는 것이었다. 즉시 이리 병원에 가본 즉 벌써 총부로 운구되었다. 그래서 총부로가 서장 명령을 전달했다. 출상은 절차상 6일 출상으로 정하고 지방 교도들은 중요 간부 외에 참여하지 못하도록 부음을 발송했다. 그러나 6월 1일 하절임에도 성체는 조금도 사망한 것 같지 않고 평상시와 다름없이 조용히 잠드신 것 같았다. 당시 송혜환 씨가 성체의 가슴을 열어놓고 만져보라고 했다. 나도 만져보고 기타 부분도 살펴보았으나 꼭 소생하실 것만 같았다. 따라서 그 사유를 서장에게 보고하고 7일 출상으로 연기해 달라고 요청했으나 들어줄 리가 없다. 할 수 없이 6일 출상으로 결정하고 준비를 서둘렀다. 출상 시 모인 교도들의 통곡하는 광경은 필설로는 다 할 수 없었다. 곡성이 천지를 진동케 하였다.

김형오 씨라고 기억된다. 지금 원광대학 문전에 이르러 김형오 씨가 상여 위에 올라서서 이렇게 외쳤다.

"여러분! 우리가 애통하다는 것은 피차 다 말할 수 없으나 그렇다고 울고만 있으면 무슨 소용이 있겠소. 이때 우리는 한층 더 굳은 결심으로 이 공부 이 사업을 잘하여 열반하신 대성(大聖)종사주께 은혜를 보답함이 우리의 도리라 생각합니다. 이런 의미에서 여러분은 굳은 결심을 하시는 동시에 통곡을 그칩시다."

상야(上野) 일본인 주지, 대종사 열반에 흐느껴 울고
종재 때 일본 경찰은 신경 곤두 세워

이때 그렇게 요란스럽던 통곡 소리는 중지되고 조용해졌다. 관은 은행나무로 척수를 재서 제작했다. 그랬는데 화장장에 가니 그 관이 화장 분구로 들어가지 않아서 관을 빼 가지고 왔다. 그 관에서는 시체의 악취라곤 전혀 없고 오히려 향기가 나지 않겠는가. 그 관이 지금은 어찌 되었는지 모르나 총부에 보관키로 했었다.

그 며칠 후 종법사의 후계는 물론 정산법사로 정했다.

대종사 49재식에는 서울 박문사 주지 상야라는 노승이 참여하여 법좌에 올라 설법도 하였다. 그는 법좌에 오르더니 처음에는 목이 메어 말을 못 하고 흐느껴 울면서 "대종사주가 열반하시었다는 것은 인류 사회에 우주의 등불이 꺼진 것이나 같은 것으로 참으로 인류사회에 불행한 일이다. 대종사님은 일본의 도원선사(일본曹洞宗祖)보다도 훨씬 위대하신 분인 것을 나는 알고 있다"고 말했다. 그러자 도고등과에서 온 형사 및 경찰서 고등주임은 추앙하는 것이 못마땅하여 짜증을 내면서 "아무것도 모르는 저 늙은 중놈이 쓸데없는 말만 하고 있다"고 두런거렸다. 그러나 상야 씨에게는 어느 영문이라 말 한마디 거칠게 할 수 없는 위치였다. 그리하여 아무 거리낌 없이 49재가 무고히 치러졌다.

경찰에서는 있는 힘을 다하여 까탈을 잡아내어 없애버리려고 전심전력을 다했다. 나 자신도 당초에는 전 능력을 다 했다. 막아주고 덮어주려고 한 것이 아니었다. 첫째, 큰 의심을 하고 대한 것은 경전을 보고 그런 것을 보고 배운다 하여 '배울 것도 없는 이러한 책을 배운다고 모아 있는 것은 무엇인가? 그 이면에 다른 이유가 내포

된 것'이라고 단정하고 있었던 것이다. 그랬더니 이상하게 하선에 참여케 되어 강의를 듣고는 그 자리에서 의심이 해소되었다. 그 후 약 2년을 지나고 난 다음에는 불법연구회가 죄가 있다면 조선인 집합체라는 것이고 그 외에는 아무런 죄가 없다고 단정하게 되었다. 다음에는 동정심이 생기기 시작했다. 그러나 피차가 조선인이라 잘하나 못하나 죄인처럼 여기는 의심을 받게 되는 일이었다. 그래서 나는 불법연구회에서 3, 4년경과 후는 서에서 무슨 학술시험을 봐도 그중에서는 출중한 답안을 내었다. 그만치 학술이 진보된 것이다. 그러나 항시 불평불만의 심정이 떨어지지를 않고 급기야는 자포자기의 태도로 변하여 승진할 생각 등은 물론 꿈에도 없고 돼 가는 대로 되라는 심산이니 아무것도 겁날 것이 없었다. 이렇게 마음이 우울한 판에 1942년 3월경 만주를 가보고 싶었다. 그래서 서장에게만 만주에 이민 간 우리 친족이 변을 당하였다는 소식이니 잠깐 가서 보고 와야겠다는 말만 하고 정식허가도 없이 불발, 만주 신경 봉천을 거쳐 귀로에 평양에 들러 대동강 부벽루를 관광하고 관왕묘에 갔더니 그곳은 관상가 등이 즐비하니 있어 무심코 구경하다 보니 그곳에 송현풍 선생이 계시는 게 아닌가. 기상천외의 상봉이다. 현풍 선생은 나와 참선 동창생이다. 그뿐만 아니라 천하의 재사로 유명한 분이 그 재질에다 불법연구회 교리를 가하고 보니 천하사를 독점지실 한 듯 날뛰던 분이다. 도복 차림에 관을 쓰고 백우선을 흔들면서 관상가로 앉아있는 것이 아닌가. 나를 깜짝 반기면서 "이천 선생이 웬일이야" 하면서 자리를 치우고 둘이 중국인 빵집으로 가 이야기했다.

이천   현풍 선생이 관상이 무슨 관상이오.

현풍   돈벌이나 그런 의미의 관상이 아니고 대종사님 법을 배우고 보니 그 위대한 법을 나 혼자서만 알고 있어서는 안 되고 한 가지라도 세상에 공포하여 만인이 다 그 덕화를 입도록 하고자 하여 애를 쓰고 있습니다. 그러나 이 법이 불법연구회의 법이라 하면 먹어주지를 않으므로 각자의 이해에 관련된 관상을 빙자하여 이 법을 전하는 것입니다. 실은 우리 솔성요론과 30계문을 가지고 관상을 하고 있습니다. 가령 욕심이 과할 듯 해 보이는 사람에게는 '당신, 욕심만 마음에서 떼면 평생 잘살 수 있고 또 사업도 잘되겠으나 그렇지 않으면 욕심 때문에 고생하는 일이 있을 것이오.'라고 하면 그 사람은 그렇다면서 자기는 공연한 욕심으로 실패했다는 겁니다. 또 남과 투쟁을 좋아하게 생긴 자에게는 싸움을 안해야 일에 성공한다고 말을 해주지요.

종법주 덕상(德相) 필설로 표현하기는 불가능해
불법연구회에서 악질적 행동한 사실을 말하라

앞서도 말했듯이 나는 경전을 얕보았고 의심만 하다가 선(禪) 공부에 의하여 해소는 되었으나 명에 의하여 철저하게 일일이 조사해 봤다. 그러나 조사해보면 의심이 풀리곤 했다. 나는 불법연구회를 감춰주거나 좋도록 허위 보고한 일이 전혀 없다. 그렇지만 한 가지 내가 생각하여 주었다면,

종법주 "이천, 내가 나이 먹은 사람이 새삼스럽게 그 황국신민 서사(誓詞)를 배워 외우려하니 잘 안되고 곤란하니 예회 날 어찌 하면 될까?"

이천 "그러하시다면 종법실에 게시다가 국민의례가 끝나거든 오시면 되지 않겠습니까? 그리하시죠."

그리하여 내가 총부에 있을 때는 반드시 법회에 국민의례가 끝난 뒤에 들어오셨다. 그게 무슨 큰일이냐고 웃을지 모르나 당시는 그만치 주의가 심했다. 그런데 1947년 3월경 돌연 「전북신문」에 '불법연구회를 괴롭힌 악질 고등형사 황가봉수 체포'라고 대서특필 발표되었다. 그리고 그 다음날에는 나를 경찰서로 오라는 전갈이 왔다. 무심코 가 보았더니 반민특위에서 체포하라는 명령이라는 것이다. 잠자코 있었더니 나를 데리고 전주로 갔다. 반민특위에서 제일국장 박문보가 나를 조사했다.

박문보 "너! 불법연구회에 가서 악질적 행동한 사실을 말하라."
이천 "내가 경찰관으로서 죄 없다고는 않겠소. 그러나 불법연구회 운운문제는 제하고 다른 죄를 물으시오."
박문보 "다른 죄는 무슨 죄야."
이천 "자기 죄는 자기가 모른다는 것입니다. 그러나 경찰관 직책이라는 것은 세상에서 제일 어려운 직이라고 생각합니다. 어떤 때는 법을 무시하고 뺨을 때려야 할 때도 있고 어떤 때는 법에 걸렸다 해도 용서해야 할 형편도 있어요. 그것을 형편대로 다 적절히 하려면 지극히 어려운 일이라고 생각합니다. 그런데 나이어린 사람이 신(神)이 아니고 성(聖)이 아닌 바에야 어찌 적절히 하겠습니까. 죄 많이 지은 것으로 생각합니다."

박문보는 그런 소리 말고 불연(佛硏)관계만 말하라고 한다. 나는 불연관계에 대하여는 말하지 않을 것이니 당신이 불연에 가서 내 행동을 자상히 조사해 보라고 말했다. 만일 나에게 정신적으로나 물질적으로 박해를 받았다고 하는 자가 있다면 나는 자결할 것이라고 덧붙였다.

박문보는 고문을 할 것이니 대답하라는 것이다. 그러나 불연에 가서 누차 조사하였으나 피해자는 없고 다만 유산, 주산 선생을 비롯 여러 사람이 특위에 찾아와 "황가봉이 다른 방면의 죄에 대하여는 우리 알바 없으나 불연 운운은 어불성설이니 신문이나 기타를 취소하여 달라"는 것이었다. 그러나 그들은 당신들이 종교인들이라

죄목을 감추는 것이 아니냐고 하더란다. 그러나 사실은 판명되었다. 그리고 내가 불연에 들어가서 상당한 재산을 모은 줄 안 것이 오해였다고 한다.

이상 약기(略記)는 전 기록이 못되고 기억나는 대로 쓴 것이다. 대종사주의 덕상은 필설로는 다 표현하기가 불가능하다. 그러나 종사주께서 친히 지도해 주시며 사사(私事)와 장래까지도 염려해 주시던 일 등은 숙연(宿緣)이라 생각되고 그 막중한 은혜는 이루 다 기록할 수 없다. 심지어는 내가 일본정치에 반감이 생겨 불평불만 끝에 당시 일본 관리들의 입장에서 볼 때 불온한 언행을 서슴치 않고 자행했으나 별 지장 없이 경과한 일 등 모두 다 대종사님의 도력의 뒷받침이 틀림없었다.

종사주가 평소 나에게 경계하신 말씀대로 지금까지 노력하며 살아왔다.

"작은 일에 항상 조심하라. 큰일에는 관심을 가지고 대하나 작은 일에는 소홀하기 쉽다."

숨기지 않은 이 기록이 여러 동지들에게 조금이라도 도움이 되었다면 다행으로 생각하며 이에 더할 바 없다 생각하고 붓을 놓는다.

2부

좌담
일제하 교단 수난사 내막

일러두기

본 내용은 원기65년(1980)도 교무 훈련 중 11월 17일부터 3일간 발표한 좌담 내용으로 「원광」 105호에 게재된 내용을 원문 그대로 수록한다. 단, 설명이 필요한 부분은 괄호안에 풀어놓았다.

- **좌담 주요 내용**
  - 도산 안창호 선생 불법연구회 내방
  - 금산사에서 대종사님 연행 구금
  - 북일주재소 총부 구내 설치
  - 대종사님과 총독부 경무국장과의 일문일답
  - 구산(久山) 선생님 총독부 상소 사건
  - 총부 탄압
  - 황도불교화 획책
  - 불교 정전 발행의 전말
  - 대종사님 열반과 장례에 따른 탄압

- **좌담 첨석자**
  - 상산 박장식 법사(당시 수위단원, 뉴욕주재 미주교령)
  - 승산 김형오 선생(당시 모원회 회장)
  - 붕산 황가봉(이천) 선생(불법연구회 당시 사찰 형사)

- **사회자**
  - 범산 이공전 법사(당시 수위단원, 감찰원, 부원장 겸 하섬수양원장)

금산사 연행이 대종사님의 최초 수난

이공전　　경술 합방을 한 지 6년, 또 기미 3·1 독립운동이 일어나기 4년 전은 우리 민족사상 대단한 격동기이고 순환기였습니다.

그 당시 대종사님께서 교단을 여신 후로 28년 동안 일본의 갖은 압제와 탄압, 수탈 아래 많은 고난을 겪으셨고 대종사님 나오신 후부터 해방되기까지 교단이 겪은 마지막 수난사는 대단히 눈물겨운 점이 많았습니다. 그러나 그 일제시대에 겪은 일이 기록에 남은 것도 없고 다만 구전으로 전해지는데 지금 우리가 되새겨 볼만한 가치가 있는 일입니다. 구산 송벽조 법사님이 천황에 상소한 필화 사건으로 1년 반 동안 옥고를 치르신 일, 교단이 한 번 흔들흔들했던 그런 사건들이 정식으로 전해지지 못했습니다. 그래서 중점적으로 몇 가지 교단사와 관련이 되는 내막사를 세 분을 함께 모시고 말씀을 받들도록 하겠습니다.

지금 이 세 분 선생님 중에 승산(昇山) 김형오(金亨悟) 선생님은 원기19년(1934)에 출가하시어 원기27년(1942) 대종사님이 돌아가시기까지 대종사님의 시봉을 맡아 오셨고 대종사님의 수족처럼 측근에서 많이 모시고 목도(目睹)하고 심부름하신 분입니다. 붕산(鵬山) 황이천(黃二天) 선생님은 원기21년(1936)부터 해방될 때까지 고등계 형사로서 여러 가지 의미에서 우리 원불교와 밀접한 관계를 가지셨어요. 그래서 이 두 분이 원기20년대에 들어서면서부터 일제하의 우리 교단 수난사를 말씀하시는데 유일한 증인이 되시었고 대종사님께서 열반을 준비하신 원기25년(1940)부터 상산 법사님께서 전무출신하시어 그 당시 전무출신으로 숭산 박광전 법사님과 함께 제일 가는 인텔리셨기 때문에 원기25년부터 주로 대종사님을 모시고 대외교섭, 일본 사람들과 관련지어진 일을 헤쳐 나가시는데 아주 중요한 역할을 하셨습니다. 특히 일본인들이 내왕할 때 통역을 하셨고 일본 경찰과 관련된 일에 문안 작성을 하시고 모든 일을 하셨습니다.

그래서 세 분이 일제하에 있어서 우리 교단 수난의 내막사를 증언하시기로는 가장 적임인 것 같습니다. 우리는 일본시대에 있어서 처음에는 아주 미미하고 그러니까 당초 기미년에 끝낸 방언 공사 때만 해도 빠실빠실한 새 돈을 쓰고 있으니까 그 사람들이 우리가 돈 찍어내는 기계가 있는가 의심하여 감시를 했다는 것은 그때 있었던 이야기입니다. 또 금산사에 가셨다가 김제 경찰서에 며칠 동안 구금되셨던 일, 또한 정식으로 문제가 되기 시작한 것은 원기20년(1935) 도산 안창호 선생이 우리 회상에 다녀가신 후로는 더욱 일본 경찰들의 우리 교단에 대한 감시가 심해지기 시작했습니다.

우연의 일치인지는 몰라도 도산 선생이 다녀 가신지 얼마 안 되어 북일주재소라는 명칭으로 구타원 법사님 댁을 빌려서 황 선생님과 일본인 부장 한 사람이 정식으로 주재소를 구내에 설치하게 되었습니다.

그동안에 자료 수집한 것들을 선생님들과 맞추어 보니 우리 선진님들 가운데 세 분이 독립운동가 또는 독립운동 사상 소지자로 소문이 났는데 한 분은 영산 박대완 선생님이고 유산 유허일 선생님, 또 한 분은 전무출신은 아니지만 송현풍 선생님이십니다. 오늘 말씀을 받들었더니 송현풍 선생님은 요시찰 인물이고 박대완 선생님과 유허일 선생님 두 분은 요주의 인물이더랍니다.

그러니 한 계급 낮지요. 송현풍 선생님은 천도교인으로

3·1 만세 운동에 가담을 했던 분이고 전무출신은 하지 않았지만 원불교와 관련을 가지고 있다고 해서 상당히 주의를 받았던 것 같아요.

박대완 선생님은 임시 정부군에 자금을 조달하기 위하여 위조지폐를 만들었어요. 그래서 옥고를 많이 치른 경력이 있는 분입니다. 또한 유산(柳山) 선생님은 보통학교 훈도로 우리 조선 역사를 가르치다 하도 화가 나서 나오시어 만세를 부르신 후 선생을 그만 두어 버린 그런 의기가 계신 선생님이었습니다. 그래서 이 세 분이 요시찰 인물이 되셨던 것 같습니다.

그러니 정식으로 우리가 주목을 받기 시작한 것이 원기 21년(1936) 이후였고 그때 사회는 백백교 사건이 일어나고 해서 그때가 한국 종교계의 탄압이 시작되기도 했습니다. 그때 안도산 선생이 다녀가실 때는 황 선생님은 북일지서를 만들기 전이니까 아직 오시기 전이나 그때 배치될 때 안도산도 다녀간 곳이니 주의해서 살피라는 명을 받고 오셨다고 합니다. 그때 안도산 선생님이 우리 불법연구회를 방문하여 대종사님과 대화하신 내용 또 그 당시 주변 상황에 대하여 승산 어른께서 먼저 말씀해 주시지요.

김형오　　그때 이리에 배헌(裵憲) 씨라고 하는 이가 계셨습니다. 그분이 우리 원불교에 대단히 호감을 가지고 내왕을 하셨는데 안도산 선생님은 배헌 씨의 안내를 받아서 오시게 되었습니다.

이공전　　그분이 동아일보 지국장이었지요?

김형오　　동아일보 지국장 했어요. 그래서 매일신보 지국장 하던 이창태란 분과 배헌 씨가 안도산 선생님을 모시고 와서 구타원 법사님이 계시는 응접실로 모시게 되었습니다. 그분이 오시게 되니까 이리경찰서 고등계 형사들이 따라오고 해서 자세한 말씀은 못하게 되었습니다. 서로 인사 나누고 대단히 고생 많이 하셨습니다. 우리는 지금까지 노력은 많이 했지만 이런 훌륭한 사업은 못했다 하고 간간한 인사를 하고 헤어졌습니다.

이공전　　여기를 다녀가실 때 형사들이 따라왔지요?

김형오　　예, 같이 왔지요.

이공전　　그 뒤로 경찰서에서 자주 뒷조사가 나오지 않았습니까?

김형오　　사실 별 것이 없으니 그렇지는 않았어도 다녀가신 후로 북일주재소를 신설했으니 조용한 가운데 그

것이 원인이 되지 않았나 그렇게 생각합니다.

이공전   그때 그러면 도산 선생을 직접 모시고 온 홍사단 계통의 사람은 없었는가요?

김형오   배헌 씨지요. 그분밖에 생각이 안 납니다.

이공전   배헌 씨는 민족사상이 농후한 분인가요?

김형오   농후하지요. 요시찰 인물이지요.

이공전   배헌 씨가 처음으로 동아일보(1928년 11월 25일자 4면)에 '세상풍진 벗어나서 담호반(淡湖畔)의 이상적 생활'이란 제목으로 우리 불법연구회를 소개한 기자입니다.

김형오   그분이 원불교를 대단히 좋아한 분이지요.

이공전   그럼 황 선생님께서 여기 주재소로 오실 때에 안도산 선생이 다녀가신 곳이니 살피라는 말을 했다고 하는데 그 경위에 대해서 말씀해 주십시오.

황이천   일본이 중일(中日) 전쟁을 일으켜 가지고 동남아를 제패하려고 하니까 조선 사람들이 모이면 민족주의 사상으로 배일사상이 농후해지니 모임을 못하게 하는 것이 주목적이었습니다. 그렇기 때문에 어떤 단체이고 다 없애는데 불법연구회는 온건하고 사고는 없었지만 안창호 같은 이가 다녀간 곳입니다. 그러니 민족적으로 여러 가지 관련성을 깊이 잘 살펴보라는 특별한 주의를 받고 안창호 선생이 오셨단 말은 듣기는 하고 보진 안 했어도 고등계에서 특별한 주의를 받고 왔던 것이 사실입니다. 그래 와서 살펴보니까, 안창호 선생을 동행한 분은 배헌 씨와 조선일보에 있는 조기하, 지금 전주에 사는 분과 김철중 중외일보 편집국장, 이렇게 세 분이 왔는데 오게 된 동기는 여기가 목적이 아니고 호남 일대의 농촌 상황을 시찰할 목적으로 왔는데 배헌 씨의 소개로 불법연구회를 다녀가게 되었다는 정보는 제가 잘 알고 있습니다.

이공전   그럼 그 말씀은 여기다가 주재소를 설치한 뒤에 듣도록 하겠습니다. 주재소를 설치하기 이전 우리가 하나 정리해 두어야 할 일이 있습니다.

'대종사님 최초의 수난'이라 할 수 있는 김제 금산사에서 연행되어 가지고 고생을 하신 전말에 대해서는 승산 선생님이 직접 모시고 계시는 동안에 말씀을 받든 줄로 알고 있습니다. 어떠한 일로 인하여 그렇게 되셨는지 말씀해 주십시오. 두 분 중에서 상의하셔서 아무나 말씀해 주시지요.

황이천 대종사님으로부터 자상스럽게 들은 이야기입니다. 지금 생각해 보면 대종사님이 중생을 제도하기 위하여 좋은 일만 하셨지만 일제가 주목하는 것은 신통도인(神通道人)이었습니다. 일본 사람들이 모르기 때문에 도인이라고 하면 극히 공포심을 가지고 있었어요. 왜냐하면 한일합방이 되어서 우리가 국군 지휘권을 빼앗기고 보니까 온갖 방법을 다해서 일본을 타도하고 항거했지만 일본을 이길 수 없었습니다. 그러니 우리 선진들이 급기야는 정도령이나 해인이 지리산에서 나온다, 바닷속에서 나온다, 이 도인이 나와야 일본 사람이 대포를 쏘아도 소용이 없고 도인이 입김으로 불어만 버려도 수 없이 죽일 수 있다고 생각했습니다. 그래서 이런 분이 나와야지 안된다 하는 이런 생각들이 조선 민중의 신앙적 사상이 되어있습니다. 그래서 경찰은 특히 질색을 했지요. 경찰들은 도인을 두려워했습니다. 김제 금산사에서 대종사님이 도인이라는 신고가 들어오니 연행해 갔지요. 강증산(姜甑山)이 돌아가시면서 '나는 죽었다가 금산사 육장불에 의지해 있다가 미륵불로 출세하여 용화회상을 꾸미겠다'고 그런 말씀을 하셨습니다. 그러니 강증산 교군들이 아무 먹을 것 없어도 증산을 믿는 사상이 있어서 금산사에 모여들었어요. 그래서 사교가 많이 생겨났지요. 그런데 송적벽·이만갑·장적조·서중안 등 다섯 분이 강증산 선생님을 믿던 증산교 사람들이라 우리는 심고와 기도를 묵상으로 하지만 이분들은 치성이라고 해서 음식을 차려 놓고 했습니다. 음식을 차리는데 육장불 부처에다 차릴 수는 없고 그 옆 바위에다 음식을 차렸습니다.

그런데 강증산 신도들이 왔다 갔다 하면서 보니 대종사님이 노정(지금의 김제 송대)이란 곳에서 신을 삼고 계시는데 기상이 늠름하고 훌륭하신 분 같아 그이들이 훌륭한 분이 신을 삼고 계신다고 음식을 갖다 드렸습니다. 그래서 서로 얘기를 하다 보니 대종사님께 홀딱 반해 버린 것입니다. 그래 도인은 같은데 무슨 신기한 모습이 안 보여 이것만 보이면 꼭 믿겠는데, 그런 이적이 없어 아, 이 사람들이 믿기는 믿어야겠는데 알쎈 걸쎈 하기만 하지 믿질 않는단 말입니다. 그래서 대종사님이 이적을 보여요. 어느 날 절 중 한 사람이 갑자기 불공하다 기절을 했습니다. 그 내용을 팔산 선생님께 물어보니 그중 이마에다 부적을 붙이고 대종사님이 이마를 만져 보았다는 것입니다. 그러니 그 사람이 살아났어요. 그러니 그 사람들이 믿기 시작했습니다. "옳다, 안팎이 틀림없는 도인이다." 하고 그중 한 사람 이동안, 서중안 씨가 믿고서 그 후 총부 기지를 다 샀습니다.

그때는 종교라는 것보다 한국민족을 다 구해야겠다고 자기 전 재산을 팔아다 샀습니다. 말이 그렇지 자기 재산을 내놓기가 쉬운 일이겠습니까? 대종사님을 그 이튿날 김제경찰서에서 불렀는데 아, 대종사님 말씀은 재미있습니다. 가니까 별 죄도 없고 사람 살렸다는 것이 죄도 안될 것이고 앉혀 놓더니 대종사님이 이런 이야기를 하는 거예요. "이천, 경찰서 무섭다더니 참 좋은 곳이더만." 그래서 제가 "무엇이 그리 좋던가요?"하고 여쭈니 "아, 생각해 보라고. 여기 있으면 식사 시 궁색한데 거기 있으니 삼시 세끼 밥은 꼭 주지. 목마르면 물을 주지. 저녁에 재워주지. 아침에 깨우지. 또 밤에 나를 지켜주지. 그런 극락이 없더만. 그런데 왜 무섭다고 하는지 모르겠어." 그래서 내가 다시 대종사님께 "아, 종사님! 그게 좋은 데가 아니지요?"라고 했더니 대종사님이 "죄짓고 있으면 자기 안방도 무섭지."라고 한 것이 엊그제 같습니다. 왜 대종사님을 모셔갔냐 하면 잘 모르는 일이지만 상상컨대 지금 여러분은 간첩은 113으로 신고하라고 붙어 있지요? 그때 독립운동 사건이 생길 때라 독립운동 사상범들이 산중 암자로 밖에 못 갑니다. 그래서 절에다가 이상한 도인이나 이상한 사람이 나타나면 신고하라 했을 겁니다. 그러니 중들은 도인이 나왔다고 하니 자기 살기 위하여 신고해서 모셔간 것입니다. 역사적으로 볼 때 아주 빤한 일이지요. 지금까지 대강 말씀드렸습니다만 총부 자리를 서중안 씨가 사서 이렇게 장소를 마련하고 장적조 씨는 부산 천지 일대에 인연을 맺었습니다.

이적은 있는 것이라고 대종사님이 분명히 말씀하셨습니다. 이적이 있는 것인데 그것을 자꾸 쓰면 중생이 배워 가지고 그런 못된 짓만 하려고 하므로 하지 못한다는 것입니다. 그러나 회상을 여는데 중생제도하기 위하여 천지공사를 하려 하는데 이적이 없으면 안 따라온다, 그러니까 천지공사를 하기 위하여 별 수 없이 쓰는 일도 있다고 하셨습니다.

금전·남녀 문제 철저 유사종교 79개 정리 시 제외

이공전   그때 안 모시고 계셨어도 자상스럽게 들으셨을 텐데 승산 선생님께서 보충하실 말씀이 있으면 해 주시지요.

김형오   그때 접시에다 종이하고 붓하고 가지고 오라 하시더니 종사님께서 스님의 이마를 만지시고 이마에 붉은 열십자를 그으시니 그 사람이 살아나 버렸습니다. 살아나 버리니 저 사람이 큰 조화를 부리는 사람이다, 하고는 발칵 뒤집혀 경찰서에 신고가 들어가니 경찰서에서는 큰 난리꾼인가 하여 모셔가 버렸습니다. (일동 웃음) 데려가 버렸다나, 모셔가 버렸다나 마찬가지지요. 거기서 며칠 동안 고생하셨습니다.

길룡리에서부터 아주 곤란한 일이 많았습니다. 언을 막는데 돈을 어디서 갖다 쓰느냐, 지금처럼 은행에서 가져온 것 같은 돈을 쓰는데 이것은 어디서 가져온 돈이냐? 일본 사람들이 저녁때면 인부들에게 준 돈을 몰래 가져다 조사해 보았더랍니다. 저 사람들이 천자운동을 하느니 박 천자 꿈을 꾼다고 해서 9인이 삼정승(三政丞) 육판서(六判書)한다고 했습니다. 꼭 9인이 되지요. 정산 법사 가시면 저 영의정 간다고 했답니다. 다른 여덟 분은 8정승을 만들어 불렀지요. 그때 또 비난하던 사람들이 옥녀봉에다 박 심고 촛대봉에다 대 심어 대 베어 지팡이 하고 박 타서 빌어먹으러 갈 것이라고 영감들이 동요 만들어 부르기도 했었습니다. 그러다가 기미년 만세 사건이 발생하여 영광 경찰서 홍 순사 아주 무섭게 생겼어요. 우리도 그분 보면 산으로 도망 다니고는 했습니다. 홍 순사가 대종사님을 모셔 가는데 풍운조화를 부리고 무서운 사람이라고 해서 칼을 빼어서 뒤에다 대고 걸었다고 합니다. 샛길로 가자니 무서워서 그랬겠지요. 사산(四山) 선생님이 모시고 갔는데 사산님은 하룻밤 자고 나오시고 대종사님은 며칠 계셨는데 그때부터 압박한 것은 한이 없고 대동아 전쟁이 일어나고 나라가 시끄러우니 제일 먼저 착수한 것이 유사종교 철폐였습니다. 그때 전라남북도를 합해서 70군데가 정리되었는데 그 이유는 금전 관계와 교주나 간부의 남녀문제로 정리했습니다. 그때 보천교는 수많은 교도가 있었고 천도교 보다 세력이 컸음에도 일조일석에 없애 버렸습니다.

그래서 불법연구회도 없애기 위해 재정 문제를 조사하는데 명부를 가지고 와서 '당신 불법연구회 회원이냐?' '돈 얼마나 갖다 주었느냐?' '언제 교인이 되었느냐?' 등을 물어보고 전부 파악을 해서 총부에 와서 금고 열쇠를 빼앗아 가지고 장부를 내놓고 조사를 해보니 교도들은 가령 1백 원 드렸다는데 여기는 장부에 있는 것이 2백 원, 3백 원 적혀 있거든요. 그래 재산은 늘고 거두어 드린 것은 적으니 의심받을 여지가 없었습니다. 거두어들인 것은 많고 재산이 적어야 도둑놈이 되는데 그 반대이니 할 말이 없어졌습니다.

그 사람들이 어떻게 이 돈이 이렇게 불었느냐, 또 그 사람은 1백 원을 주었다고 하는데 여기서는 2백 원이라 적혀있으니 웬일이냐고 물으니 직원들이 대답하기를 출역을 했다든지 오면서 과자를 사 와서 시봉을 했다든지 하는 것을 일일이 돈으로 환산해서 올려서 더 많아졌다고 했습니다.

별수 없이 재정 관계는 손을 못 대고 남녀 관계도 종사님께서는 이렇게 해 놓으셨습니다. 이런 일이 일어날 줄 아시고 하셨는지 남녀 관계를 중점을 두고 말씀하시며 '감사부'를 새로 신설하시어 편지를 검열하시고 남녀 관계를 살피셨습니다. 그래서 젊은 남녀가 이야기하려면 네 분 중 한 노인을 옆에다 세워두고 이야기했어요. 삼삼 씨, 청춘 씨, 세월 씨, 대교 씨 남자로는 일산 선생님 그런 양반들을 지정하지 않았겠소? 아무리 별스럽게 급한 일이 있어도 이야기하려면 이 분들을 입회시켜놓고 해라, 그래 우리가 일산 선생님! 이리 좀 오시라고 하면 손으로 입 막고 웃고 계셨습니다. 이런다고 일어날 사고가 안 날 일은 없겠지만 그래도 소문이 굉장히 났습니다. 불법연구회에서는 남녀 간에 이야기를 하려면 노인을 옆에다 세워 놓고 한다는 소문이 근동에 퍼지고 '감사부'에서 일일이 조사한다는 소문이 나서 남녀 관계는 철저하다는 것은 인근에서 알고 있는데 이런 일이 생겨나니 안팎 장단이 맞아 남녀 문제도 손을 못 대고, 그러면 교과서를 손대야겠다 생각하여 '상야노사'라고 하는 분이 내려와서 검열을 하는데…….

이공전 선생님 너무 자상히 마시고 앞으로 나갑시다. '상야노사' 이야기는 내일 저녁, 모레 저녁에 또 나옵니다.

김형오 아, 그러면 제가 너무 나갔습니까? 그러면 나는 미리 해 버리고 내일은 빠지면 되지요.

이공전   아니 됩니다.

김형오   우리가 왜정 말에 고생한 것은 일일이 다 말할 수는 없으나 종사님께서 미리 다 방편을 펴 놓으시니 이리 빠지고 저리 빠지고 다 빠져나왔어요. 그런데 봉산 선생을 이리경찰서에서 특파할 때 '너 가서 불법연구회를 해산시키면 거기 재산을 분할해 줄 테니 불법연구회 문만 닫도록 해 보라'는 지령을 받고 내려오셨답니다. 대종사님께서 저를 부르시더니 "황 순사는 재주 있고 무서운 사람이니 조심하라."고 하시며 "저 놈 생긴 것 봐라. 무서운 놈인데 잘 타이르면 다른 놈보다 나을 것이다."라고 하시었습니다. (일동 웃음) 황 순사는 불법연구회를 잡으러 온 순사고 나는 황 순사 뒤에서 황 순사 일하는 것 감시하는 순사였습니다. (일동 웃음)

이공전   순사 위에 순사였군요. (일동 웃음)

김형오   나는 황 순사가 변소에 갈 때 상의를 벗어 놓으면 호주머니 속의 수첩을 살짝 꺼내서 보고 무엇을 적었나 종사님께 말씀을 드렸습니다. (일동 웃음) 그리고 서로 장난도 하고 대각전에 가서 씨름도 하고 해서 허물이 터진 것 같았으나 속으로는 네 꼬리는 내가 잡고 있다, 생각하고 살았는데 오늘에 이르렀네요. 오늘날 생각하면 이 양반이 무섭고 재주 있는 사람이 아니었으면 우리는 더욱 고생하였을 것이라고 생각합니다.

재주가 있으니 종사님을 친견하고 모시고 감화가 되었지 미련한 녀석 같았으면 어디 쉽게 되었겠습니까? 미련한 사람 같으면 불법연구회에 큰일을 많이 냈겠지요. 무슨 말 하면 알아 들어야제, 지 고집대로 하고 나쁜 보고나 했으면 어떻게 되었겠습니까? 종사님께서 무슨 말 한마디 하면 알아들어 자기가 역량이 있어 잘 요리해서 보고하고 거기서 들은 말도 잘 알아서 종사님께 일러드렸지요. 처음에는 황 순사가 종사님을 보고 미련하다고 했습니다. 그랬으나 그 후 주산이나 유산 선생님한테 글도 배우고 종사님께 감화받고는 종사님이 일하시는데 편리하게 되었습니다. 처음에 식당에서 상을 가져오면 교도들이 무얼 가지고 와서 종사님 상에 한 가지라도 더 올리면 무슨 심사를 부릴지 몰라 몇 달 동안은 참 주의했어요.

이공전 말씀을 좀 축약해서 하시지요.

김형오 그러나 그 후 이 양반이 아니면 우리가 더 고

생했을 것이라는 것만 알아 둡시다. 불법연구회를 지켜주고 도와주러 온 사람이라고 알아두면 될 것입니다. 지금도 무슨 먹을 것 있어 돌아다니는가 할 사람이 있을 것이고 죽이고 싶은 사람도 있을 것이나 그러나 좋은 사람이라고 말씀드리니 어디 가시면 감 하나라도 사 드리세요. (일동 웃음)

불법연구회 부수면 재산 불하 약속

이공전   상산 법사님께서 주로 말씀해 주실 일은 내일 저녁 후반과 모레 주로 말씀이 되시겠는데 이런 말씀을 들으시면서 들려주실 이야기가 있으면 말씀해 주세요. 아까도 말씀드렸지만 정식으로 교단이 일본 사람들로부터 직접적인 간섭을 받기 시작한 것이 원기21년(1936) 구타원 법사님 댁을 주재소로 만들고 대종사님 동정 살피는 것이 주(主) 업무고, 오늘 모시고 서너 시간 사전 이야기를 했는데 우리가 전해 들은 흘러나온 말씀과 거리가 있는데 승산님이 제일 잘 아실 거예요. 모시고 직접 있었으니까요. 북일주재소로 발령받아 주재소를 정해서 고

약하게 하신 점을 숨기지 말고 하세요. 처음에는 고약하게 했어야 맞아요. 그래야 감동을 더 받습니다.

황이천 있으면 이 나이에 별 말도 다 드릴 수 있는데 참말로 양심적으로 불리한 짓은 안 했습니다. 승산 선생님이 너무 과찬을 하시는데 내가 여기 와서 종사님을 뵌 후로 좋은 대로 전향이 되었지요. 아까 말씀드린 대로 보천교는 강재령이란 사람이 들어가고 여기는 내가 들어왔는데, 이 불법연구회를 부수면 재산을 나에게 불하해 주겠다는 약속을 받고 들어왔습니다. 그런데 내가 못되게 하지 않은 것은 이 단체를 없애고 나 혼자 잘 살 수 있겠는가? 저의 좌우명이 있는데 종사님께서 "여러 사람이 나쁘다고 하면 생금도 깎는 것이다."라고 말씀해 주셨고 우리 어머님께서도 "절대로 순한 사람을 해하는 것이 아니다."라고 하셨습니다. 어쨌든 어디 가서나 여러분들을 뵈옵고 자신있게 말씀드릴 수 있는 것은 비교적 종사님의 훌륭한 덕화에 감화되어 내가 불량한 마음은 안 먹었던 것입니다. 이것은 제 양심에 맹세코 나쁜 마음먹은 적은 없습니다.

오늘날 어느 곳에서나 종사님 말씀만 하라면 좋아서 잘

하는 사람입니다. 아까 숭산 선생님께서 경제 관계로 말씀하셨는데 여러분, 『대종경』을 보면 이런 말씀이 나와요. '불법연구회에 세상사를 다 맡겨도 할 수 있다.'라는 대목이 나오는데 이 법문의 유래는 원기22년(1937)인 것 같습니다. 여러분들도 출납사무를 보실 텐데 도에서 갑자기 출납사무를 검열하러 나왔어요. 두 사람은 내무국 회계주임, 고등계 형사가 나와서 '모두 손들어!' 해 놓고 장부와 금고 전부를 뒤졌습니다. 그러나 아무것도 없었어요. 그러니 조실로 올라와서 종사님도 손들라 한 후 몸수색을 했습니다. 돈이든 무엇이든 있겠지 하고 뒤졌는데 아무것도 없었고 종사님 소지품에서 묘한 것 한 가지가 나왔습니다. 무엇에 쓰셨는지는 몰라도 조그만 주머니 칼 하나와 손수건이 나왔는데 이것은 언제든지 소장하고 계셨습니다.

다 뒤져본 후 아무것도 없으니 허허 웃으면서 나갔습니다. 그 전문가들이 다 뒤져 조사를 마치니 오후 3시나 되었는데 지금처럼 커피가 있는 것도 아니고 사탕 물을 끓여서 조사원을 대접했는데 조사원이 한 소리입니다. 그 사람들은 경찰관이 아니고 장부 처리만 잘했나 못했나

보는 사람들인데 극구 찬양을 했습니다. 그 사람들이 이렇게 정확하게 장부 처리를 잘한 곳은 못 봤다는 것입니다. 어느 곳이나 장부를 조사할 때는 누구나 '예, 예' 굽실굽실하고 아무리 장부 처리를 잘해 놓아도 어느 회사나 은행이나 가서 보면 안 틀리는 법이 없답니다. 그런데 이곳은 1전 1리도 안 틀려요. 그래서 그 사람들이 "여기는 별 것을 다 맡겨도 틀림이 없겠다"는 말이 나왔습니다. 저도 '무엇이 틀리어 이러네, 저러네' 하면 귀찮은데 극구 찬양하니 대종사님께 제가 "이번 감사 성적이 참 좋았습니다. 그 사람들이 그러는데 무슨 일이나 다 맡겨도 틀림이 없겠다고 하더라"고 전하니 종사님께서 실시품 10장에 있는 법문을 하셨습니다.

그런데 사무원들은 한술 더 떴어요. 왜 그러냐 하면 김정종, 유성렬 모두 있었는데 무어라고 하냐 하면 세 감사원 중에 둘 같으면 얼마든지 속여 넘긴답니다. 한 사람은 못 속여 먹겠다고 그래서 이 사람들이 왜 이렇게 장부를 잘하는가 제가 물어봤더니 이분들이 부기 강습을 다 받고 왔다고 하더군요. 그래서 이렇게 자랑스럽게 잘해 놓았는지 탄복을 했어요. 여러 교무님들은 일선에서 수고하시지만 우리 원불교 단체가 커 가는 데는 그전에 선배들이 이러한 피나는 노력을 했고 종사님이 지도를 잘 하셨기 때문입니다.

구타원 법사님 댁을 일경(日警) 주재소로

이공전　그러니까 붕산 선생님이 원기21년(1936)에 처음 구타원 법사님 댁을 주재소로 정하고 들어오셨지요. 그때 들어온 심경과 당시 환경을 말씀해 주세요.

황이천　그때 일본 사람 고지마(소도)와 같이 왔는데 그 사람도 독신이고 나도 혼자라 밥해 먹을 수가 없어서 밥만 서 홉 밥을 여기서 해달라 해서 먹고 우리는 일본 된장 끓여서 둘이 먹는데 참 맛있었습니다. 지금 응접실 동아실 쪽 그 곳을 일본 사람 '소도'가 쓰고, 나는 아래채 곳간채에 있는 방을 쓰고 있었습니다. 제가 맨 처음에 인상을 좋게 받은 것이 한 달이 되면 식비를 청구하는데 서 홉 밥 그것 얼마 안 되는 것입니다. 먹을 때는 치고 안 먹을 때는 빼서 정확하게 계산서를 보냅니다. 합계가 일원 팔십전에서 2원쯤 되는데 반드시 계산서가 옵니다. 상식적으로 생각할 때 이런 큰 단체에 순사가 자기들을 감시하기 위해서 왔던 어쨌든 밥 먹는데 다른 단체는 밥값 달라고는 안 합니다. 그런데 여기는 정확하게 청구를 하는 것입니다.

그래 일본 '소도'라고 하는 사람이 무어라고 하는가 하면 나쁜 놈들이라고 합니다. 우리가 그것 좀 먹은 것을 밥값을 청구한다고……. 돈을 주고 안 주고는 우리들 처분이고 계산서만 내놓습니다. 후에 회계할지는 모르지만 계산서만 보내니 주기도 하고 안주기도 했습니다.

그런데 저는 그때 이런 생각을 했습니다. '이분들이 호락호락하는 사람들은 아니구나 분명한 사람들이구나'라고. 우스운 소리입니다만 경찰관 순사라는 것은 잘못한 사람한테 뜯어먹는 사람입니다. 죄진 사람들이 용서해 달라, 도와 달라고 잘 먹여 주고, 술도 사고 떡도 사고 하는데 자기 자신이 옳게 사는 사람은 아무것도 소용이 없습니다. 그러니까 이 사람들이 이거 한 달에 한 이원 정도의 밥값을 청구하는 것을 보니 굽힐 짓은 안하는 사람이라는 것을 짐작했습니다. 그 후 호감이 갔습니다. 그런데 일본 순사는 나쁜 사람들이라는 것입니다. 계산서를 보면 정확한 것을 알 수 있어요. 우리가 일계를 보면 어디서 점심을 먹었는지 어쩐지 압니다. 그런데 먹고 안 먹은 것을 분명하게 기록했어요. 아, 그래 이 사람들 이빨 잘 안 들어가는 사람들이라고 생각했지요.

이공전 그러니까 우리는 사무실에 식산계가 있었지요. 여기 훈련원장님이 하실 때 빠짐없이 잘 적는 양반입니다.

황이천 참말로 정확해 누가 전문으로 알아 기록한 모양입니다.

이공전 좋은 말씀 다 나옵니다. 처음 오셔서 바로 조실에서 주무셨던가요?

황이천 아니, 첫 번에는 주재소 안에서 자고 원기21년 (1936) 하선에서부터 같이 잤습니다.

이공전 그러면 하선 때부터 학복 입고 공부한 이야기 좀 하시지요.

황이천 그러제! 그런데 여러분이 좀 이상할 것입니다. 제가 이천이라는 법명이 어떻게 나왔느냐, 하면 붕산은 요 근자에 받은 법호니까 괜찮지만 그때 선방에서 학복을 입고 머리를 빡빡 깎고 하선 결재식을 하는데 5~6월 큰 선(禪)이 있었습니다. 그때 공주 선생님, 동진화 선

생님, 나, 유산 선생님, 박대완 선생님 다 동창생입니다. (일동 웃음)

그리고 돌아가신 조전권 선생님도 동창입니다. 그런데 결제식을 하는데 종사님이 법설하러 올라가시어 말씀하셨습니다. 그때 제 이름은 황가봉(黃假鳳)입니다. 이천이 아니지요.

이공전   거짓 가(假) 자, 새 봉(鳳) 자 이지요?

황이천   빌릴 가 자, 새 봉 자지 왜 거짓 가요? 빌릴 가재. (일동 웃음) 아, 그런데 종사님이 턱 자리에 올라가시더니 그때 저는 저 구석에 앉아 있었어요. "황 순사!" 하고 부르서요. 그래서 "예." 하고 대답할 수밖에 없었지요. "예." 하고 대답하니 "가봉이 이름 못써. (손을 저으시며) 내가 이름 하나 지어 줄 테니 그렇게 불러."라고 하시면서 '두 이(二), 하늘 천(天) 자를 써서 이천(二天)이라고 지어 주셨습니다. 그래서 얻은 법명입니다.

이공전   두 이 자, 하늘 천 자 법명을 주시니 뭐 생각하는 것 없던가요? 두 세상 볼 사람이라고.

황이천   아니 듣기도 좋고 부르기도 좋고 그 뒤부터 이천이 되었습니다.

이공전 그러니까 머리 깎고 선방에서 공부하게 된 것은 본서에서 지령이 내려 그렇게 했나요?

황이천 아니여, 내 맘대로 했지.

이공전 공부방에서 무슨 말하는가 보기 위해서 그랬지요?

김형오 아, 그때 바쁜 사람은 나였습니다. 학복입고 조실에서 의젓하게 나오니 교도들은 누구인지 처음 온 사람은 모른단 말입니다. 그러니까 처음으로 지방에서 온 교도님 같으면 말해 주어야지요. 바삐 쫓아 나가야지요. 황 순사가 학복입고 곁에 앉았으니 말조심하라고, 별 할 말은 없겠지만 우리가 사은사요, 삼강령, 팔조목 이야기하는데 별말은 없었어요. 그렇지만 만일을 모르니 주의하라고 했습니다. 이야기는 일단 해둬야지요. 머리 싹 깎고 귀 위에 혹 달리고 저 사람이라고. (일동 웃음)

황이천 간첩 중에는 최고 간첩이었어요. (일동 웃음)

김형오 말해주고 빨리 돌아와서 동정 살펴야 하니 다리가 한참도 정신이 없었습니다. 일분도 쉴 틈이 없지요.

이공전 마이크 가까이 대고 하세요.

김형오 황이천 뒤 살필라 누구 오는지 신경 쓸라 한 시도 마음이 놓이지 않고 식사 때면 상 내는데 가서 볼라 또 상은 구별해 차리면 안 되었지요. 구별하면 종사님께서 걱정하실 테고 그러면 무엇을 까닭 잡을지 모르고 미리 조심해야지요. 그리고 황 순사 찾아오는 손님이 있어요. 그런데다 경찰서에서 오네, 어디에서 오네, 아닌 게 아니라 이 '김형오란 놈' 죽을 욕봤오! (일동 웃음) 박수.

뇌물이라고는 과실 실컷 먹은 것뿐

이공전   그러니까 저희들이 봉산 선생님에 대해 그 말씀을 받들어야 되겠어요. 우리 사이에 전해지는 이야기가 대종사님과 교단을 사찰할 때 마루 밑구멍으로 들어가서 엿듣고 있었다는 등 부엌 속에서 엿들었다는 등 또 플래시(손전등)를 가지고 정녀님들 주무시는데 막 비춰봤다는 등 좋지 못한 소리가 있는데 그때 봉산 선생님 하면 경찰의 상징이라 우리한테 관계한 경찰들이 무슨 일을 했든 봉산 선생님이 한 것으로 착각했어요. 또 한참 우리 교단을 감시할 때 대종사님의 지도를 받으시며 과수원을 북일에서 하시고 개인 집을 짓고 하니 불법연구회 돈으로 다 한다고 하는 말들이 파다했다는데 사실로 그렇거든 공개석상에서 참회 겸 해서 자백을 하든지 그렇지 않으시면 해명을 해주시지요.

황이천   참회도 좋고 뭣도 좋고 좌우지간 먹었으면 먹었다고 해야겠는데 먹었다면 종사님께 과실을 많이 얻어먹었지요. 참 기막히게 많이 얻어먹었어요. 꼭 두었다가 "이천이 이리 와 내가 좋은 것 주께" 하시며 어린애 달래 듯 많이 주셨지만 다른 것은 없어요. 그때 내가 종사님한테 무엇을 먹었다면 참 큰일 납니다.

이공전   죽는 일이지요.

황이천   암, 죽는 일이지 경찰을 그렇게 간단히 봐서는 안되지요. 내가 있어도 또 내 뒤에 살피는 사람이 또 있겠지요. 제가 아들 하청이를 낳았는데 하청이 돌 때 여기 굶주리던 분 떡 얻어먹었습니다. 조금씩 다 먹었어요. 그때는 먹을 것이 없어서 허천(몹시 굶주리어 지나치게 음식을 탐하다)날 때 아닙니까? 그런데 없어서 '황하청'이라 이름을 지어 주셨습니다.

'황하 일청에 성인출이요, 운자하방이 오부지라(黃河一淸 聖人出 運自何方吾不知)' 황하가 한 번 밝으면 성현이 나는 것이요, 운자 하방이 어느 쪽에 있는가?

이 시구(詩句)를 종사님이 지으셨는지 전했는지 모릅니다만 지금 생각해보면 종사님이 성인이시고 성인을 알기 어렵다는 말씀인가 합니다. 저도 하청이가 있고부터 본심을 참말로 바르게 하려고 했습니다. 그러니까 그것 묘한 인연이었습니다. 종사님이 그런 말씀을 하시었어요. "어이! 이천 나 몰라?" "왜 제가 대종사님을 모릅니까?" "모르지!" "무엇을 몰라요?" "지금 보는 것은 고깃덩어리 눈으로 보는 것이고 나를 언제나 멍청이가 눈을 떠서 알리려는지 모르겠다"고 여러 차례 말씀하셨습니다. 우리가 이렇게 같이 앉을 사이가 아니라고 하시면서요. 대종사님이 허언하시는 어른이 아니시기 때문에 내가 그것을 몰라 그렇지요. 그래도 여러 선생님들은 전무출신 해서 법에 순전히 귀의해 있지만 나는 재가교도라도 내가 종사님을 믿고 숭배하는 마음은 일보도 여러분께 지고 싶지 않습니다.

이공전　　45원 부조받은 이야기도 좀 해 주세요. 그리고 끝냅시다.

황이천　　종사님께서 공주 선생님 댁 안방으로 오라고 하셔서서 갔습니다. 그랬더니 공주 선생님하고 창기 씨하고 대종사님이 남의 안방에 가시는 일이 없는데, 거기 앉으셔서 들어오라고 했습니다. 들어가니 대종사님 15원, 공주 씨가 15원, 창기가 15원 해서 하청이 학자금을 만들어라 하시며 45원을 저를 주시며 "학자금은 마련해야 되는데 다른데 쓰지 말고 꼭 소를 사라"고 하셔서 소를 샀습니다.

이공전 여러분! 하청이 돌 기념으로 45원을 학자금 하라고 받은 것 밖에는 없습니다. 그러니 황 선생님이 뇌물을 먹은 일은 없다는 것을 알아주십시다. (일동 웃음)

황이천 그리고 종사님이 누구 뇌물 주고 그럴 분이 아닙니다.

이공전 그렇지요. 주재소는 우리가 큰돈 들여지었지요?

황이천 그것은 지주하고 유력자들이 기부한 것이지요.

이공전 주재소 지은 것을 말씀해 주세요.

김형오 주재소를 6백 원 들여서 지은 거요? 6백 원 여기서 지출했어요. 경찰서에서 종사님을 오시라 해서 가셨는데 서장실에 모시고 가보니 '천천(天川)'이 서장 그 수염쟁이 경무과장이 안내를 하는데 시커먼 놈이 일어나

지도 않고 앉아서…… 그놈 이야기하려니 화부터 나는구만. (일동 웃음) 이렇게 떡 버티고 앉아서는 수염쟁이란 놈이 손님이 왔으니 의당 좀 일어나서 올린 발이라도 내려야 할 것 아닙니까? 떡 이러고 앉아 있으니, 종사님께서 그러시더만요. "아이, 서장 영감! 저를 부르셨다는데 왔습니다. 무슨 일로 부르셨습니까?" 서장이 고등계 주임 보고 이야기하라고 하더만요. 아마 자기들끼리는 이야기가 되었던 모양이지요. 주재소를 짓는데 돈이 필요해서 그러니 돈을 좀 내라고 오시라고 했다고 하더군요. 종사님께서 그러시다면 당신들도 직원 있고 거기가 주재소도 있고 나도 직원이 있으니까 전화로 해서 만나서 이야기하라고 했으면 내가 여기 나올 것도 없고 하는데 이런 일에 나를 여기까지 부르셨느냐고 그일 뿐이냐고 하니까 눈 딱 감고 고개만 까딱까딱하더라고요.

종사님께서 직원들 보고, 그러면 간다고 하니 서장이 일어나도 안 해. 무식한 상놈이더구만요. 그래 모시고 왔는데, 조실에 오니 직원들이 모일 것 아닙니까? 어째서 오시라고 했습니까라고 주변에서 물으니 "아이, 그런 것이 아니라 주재소 짓는다고 돈을 달라고 하니 무엇이라도 팔아서 돈을 주어버려라" 하시더군요. 그러자 내가 서장 하는 태도에 대해서 설명을 했습니다.

아니, 차 한 잔도 대접 않고 일어나지도 않고 참 괘씸하더라고 수염 값 못하더라고 이야기를 하니 방안 사람들이 화가 나서 모두 난리입니다.

주산이 학복을 걷으시며 주먹으로 땅을 치시고 "그런 괘씸한 놈들이 있느냐"고 윽박지르며 화를 내니 종사님께서 가만히 듣고 계시다가 "도성아!" 하고 부르셔요. 그러니 팔 내리고 "예~" 하고 앞으로 갔습니다.

"세상에 내가 걱정이 오늘부터 태산 같다. 너 같은 것들을 내가 믿고 큰일을 시작해 놨으니 어쩐다냐. 이제까지 공부한 보따리가 기껏 그것뿐이냐. 미운 놈 꼴 보는 공부가 그것뿐이냐 말이다. 천지 대권을 가진 양반은 한번 밉게 보면 천지가 뒤집히는 것이다. 석가모니가 조달이를 미워했더냐? 미워했으면 죽었제. 자비로써 불쌍히 생각하시고 제도하시려고 그랬지. 석가모니가 조달이를 그러셨어. 미워하면 무엇할 것이냐? 그 불쌍한 것 불쌍히 알고 제도하려고 생각해야제. 그런 자비심은 새로 가질지언정 그것이 미워서 주먹을 치고 그 악을 쓰고 야단이냐?" 그리고 꾸중을 하시었습니다. 천지의 대권을 가진 이는 한번 마음을 먹으면 먹은 대로 되는 것이다. 어떤 성현이 마음 한번 잘못 먹어 살인을 했다고 생전을 후회했다는 이야기가 있다고 하시면서 (그 이야기까지 하시면서) 그렇게 생각지 말라고 하시었습니다. 서장이 그렇게 한 것을 분히 생각지 말라 하시고 자비로써 불쌍히 알라고 하시었습니다. 돈을 주어서 집을 짓게 하라고 하시어 우리는 돈 그때 몽땅 들어갔습니다.

이공전   우리 집 빌려가지고 사찰하고는 또 나가면서 돈을 내라고 했습니다.

조선의 간디라 주목한다니 아무래도 여기 오래 못 있을 것 같다

이공전   그 시대는 국어사용이라 해서 일본어를 권장하는 시기였는데 대종사님께서 일본말 배우고 일본 책 들고 다니는 사람을 크게 꾸중하셨지요. 야회 석상에서도 많이 말씀하셨지요. 그리고 한참 숨 막히는 일제의 압제 하에서 이런 말씀을 하시었어요. "먹구름이 두텁게 낀다고 해서 떠오르는 해를 어찌할 것이냐?" 그 한 말씀 속에서 당시 대종사님이 열반하실 무렵 정산 종사님을 후원으로 부르시고 "일본 사람들이 나를 조선의 간디라 지목을 하고 독을 올려서 나를 본다고 하니 아무래도 여기 오래 못 있을 것 같다. 내가 멀리 가야 하겠다."라고 하시면서 정산 종사님 보고 "너는 왜 내가 시키는 대로만 하고 네 역량을 내어서 하는 일이 없느냐. 너도 이제 네 의견도 내세워 보고 역량을 내서 대중을 거느려 보라."라고 하셨습니다. 그러니까 '내가 오래 있지 못할까 보다' 하신 말씀에서 떠나실 것을 우리는 알 수 있습니다. 그러신 후 얼마 안 되어 돌아가셨지요. 대종사님께서는 말하자면 일종의 비폭력, 무저항주의로 일본을 상대했던 것이 틀림이 없습니다. 그런 점에서 '조선의 간디'라고 일본 사람들이 그랬지요. 대종사님께서 평소 대중들에게 말씀하시기를 대중을 지도하는 자들이 무슨 뾰족한 재주나 있는 듯이 대중을 충동해 가지고 대항하고 폭력적으로 나서는 것은 자기만 망하는 것이 아니라 여러 사람의 전정을 그르치고 많은 사람을 해치는 일이라 대중을 지도하는 사람이 취할 현명한 길이 아니라고 하셨습니다. 그리고 기회가 닿는 대로 온건 착실한 생각을 가지고 대중을 지도해야 한다 하시며 보은 감사 온건 착실을 생활신조로 나가도록 말씀하시었습니다.

그때 한국의 종교 단체가 난다 긴다 하는 단체가 모두 해산되지 않았어요? 해산이 되지 않으면 잡아다 가두고 골병신을 만들어 해산을 시켜버렸습니다. 그런 상황에서 종교운동을 시작하시면서 폭력적으로는 도저히 하실 수 없으셨습니다. 그러니까 침략자들의 억센 말발굽 하에 깔아뭉개는 상황에서 당하지 않겠다는 것은 대종사님의 의연한 정신이지요.

구산(久山) 선생님이 천황에 상소한 사건, 이것은 개인의 일로 처리가 되어 교단에는 큰일은 없었고 그보다 앞에 원기23년(1938) 8월로 되어 있습니다. 조선총독부 경무국장 '미쓰바시'라는 사람이 불법연구회의 운명을 결정하는 총권을 가지고 총부에 내방을 해서 마지막 단판을 한번 하는 사건이 벌어졌어요. 그때 역시 황 선생님이 여기를 담당하는 형사로서 통역을 맡았고 나중에 대화가 끝나신 후에는 소견을 묻는 일도 있었는데 그 당시의 상황을 황 선생님이 말씀해 주시돼 그에 앞서서 미쓰바시가 오기

전에 그보다, 약간 낮은 급에 있는 사람들이 총부에 다녀간 일이 있었답니다. 그런데 모두 호감을 가지고 갔지요. 그 일에 대해서 승산 선생님이 말씀해 주시지요. 아까 이름을 무엇이라고 하시었어요?

김형오 경무국장이 왔다 가기 전에 먼저 왔던 그 사람들의 보고에 의해 좋게 보고가 되어 차차 좋게 풀린 것 같습니다. 일본 사람들이 대종사님 알기를, 불법연구회를 무섭게 알았습니다. 겉으로는 하찮게 큰소리를 했지만 사실 그 내용을 보면 굉장히 무서운 어른으로 알았다 이거예요. 간섭하려야 할 것이 없고 헐뜯으려야 뜯을 것이 없는데 내용으로는 커 가거든요. 크는지도 모르게 커 간단 말이에요. 그 증거로 대종사님 열반한 후 대종사님 장례를 모시도록까지의 경로를 보면 무서워서 벌벌 떨었습니다. 종사님이 세상을 떠났어도 무서워서 벌벌 떨었어요. 제가 하고자 하는 이야기는 이천 선생님이 말씀드리기 전에 그 사람들이 한 번 다녀간 경로에 대해서 말씀드리겠습니다.

원기22년(1937) 그 사람이 오기 전날인데 이것은 하나의 불가사의한 기적인데, 말씀은 안 하셔도 대종사님은 다 알고 계셔서 미리 방편으로 처리하신 일인 것 같습니다. 우리는 그 가운데 들어가서 멋모르고 일을 다 하고 나서 꿈속같이 우리가 무슨 일을 했는가 하는 식으로 넘어가 버렸어요. 뒤에 생각해 봐도 잠시, '아! 종사님께서 그 방편을 쓰셨구나' 하는 것을 생각하면서도 또 잊어버립니다. 우리가 살아 나온 것이 전부 대종사님의 방편 가운데서 살아 나왔습니다. 쉽게 말하면 조화 가운데 오고 가고 했지요. 오후에 집무 시간이 끝났는데 지금 부장실 앞 구 정원에 나오시어 사방을 둘러보시더니 "야! 빗자루 하나 가져오라"고 하셔요.

그래 빗자루를 갖다 드렸더니 빗자루로 사방을 쓸어서, 저희들이 송구해서 어쩔 줄을 몰라 하니, 대종사님께서 "소제하려면 구석구석을 깨끗이 해야지 보는 얼굴만 슬슬 쓸고 구석지에 몰아붙이면 되겠느냐"고 하시며 쓸고 계시니 하나 둘 나와서 쓸기 시작했습니다. 다른 사람들도 다 자기 맡은 구역으로 대종사님이 가보시게 생겼거든요. 그러니 모두 청소 도구를 가지고 다 자기 맡은 구역으로 갔습니다. (일동 웃음)

그래가지고 모두 가서 쓸어 모아 놓은 것을 파내서 다시 묻고 밟고 하는 소동이 일어났습니다. 이때 늙은 개 마냥 황이천 선생이 따라다니고 대종사님이 사무실로 들어가시어 유리창을 닦으시며 "구석진 곳을 깨끗이 청소해야지 가운데만 닦았다" 하시고 구석진 곳을 손수 닦고 계시니 황 순사 이 양반 이야기가 "종사님 일본 사람들 말에 소제는 사각으로 깨끗이 하고 각 난 데를 더욱 잘하되 마음은 둥글게 가지란 말이 있습니다"라고 했더니 대종사님께서 "알기는 황 순사 잘 알아, 꼭 그렇제!" 하시면서 유리창을 닦으시니 유리창을 맡은 사람들이 또 새로 청소를 하게 되었습니다. 앞에나 뒤에나 종사님이 청소를 구석구석하고 다니신다 하니 모두 나와서 청소를 다시 하기 시작해서 해 넘어가기 전에 말끔히 청소가 되었어요. 저는 그때 저렇게 하실 필요가 있을까 잘못되었으면 청소가 잘못되었으니 다시 해라 하시면 될 일이지 구석구석 저렇게 직접 다니실 필요가 있으실까라고 생각했습니다.

그리고 무심코 잤는데 아침 새벽에 찻소리가 나서 밖에 쫓아 나가보니 종 치고 심고 올리고 막 선방에서 좌선하고 앉아 있을 때입니다. 그때 밖에는 차가 두 대가 왔는데 금테 쓴 사람, 신사 같은 사람, 경찰서장, 고등과장도 오고 다른 모르는 사람 3, 4인이 급히 차에서 내려오더니 나보고 가자고 하더군요. 그래 정신 차릴 틈도 없이 따라다니는데 식당으로 돌아서 여자 선방을 가보니 모두 좌선하고 앉아서 문을 열어 봐도 고개도 안 돌리고 선을 하고 있거든요. 다시 남자 숙소로 와보니 여기도 선을 하고 있는데 조는 사람 한 명도 없이 모두 누가 와서 봐도 한 사람도 눈을 안 돌려 봅니다. 그 사람들은 갑자기 방문해서 우리의 일상생활을 보려고 했습니다. 방마다 들여다 봐도 선만 하고 있고 다른 것은 없었습니다.

구석구석 청소는 깨끗이 되어 있고 구타원 법사님 응접실에서 차를 한잔씩 마시면서 자기들끼리 죽 앉아 있는데 우리는 누가 높은 줄도 몰랐습니다. 차 한 잔씩 마시고 담배 한 대씩 피우고 말씀을 나누는데 대체적으로 자기들 생각은 불법연구회 선생을 심문해서 무엇이 나오는가 보다 그래서 시험해 보러 왔답니다. 대종사님께서 맨 처음 만덕산 이야기를 하시더구먼요. 참나무 밤나무 등 나무를 심었다는 이야기를 하셨어요. 그리고 교과서의 창건사를 말씀하셨는데 간간이 문자가 나오니 그

쪽 측 사람 중에 통역을 못했습니다. 그래 누가 통역할 사람이 없느냐고 묻습니다. 그래 통역할 사람이 많이 있다고 종사님께서 "아, 그러면 네가 해 보라"고 하셨어요. 우리는 늘 교과서를 배우고 했으니까 교과서에 대해서는 그 사람보다도 낫지요. 그래 제가 하는데 종사님께서 '불교혁신론'을 말씀하셨는데 '아, 아' 하며 고개를 끄덕끄덕 하더니만, 한참 말씀을 하는 중에 그 거만하던 놈들이 담배를 끄고 자기도 모르게 틀고 앉았던 다리를 내리고 고개를 숙이고 '예! 예!' 하는 것이 아닙니까. 이것은 언뜻 생각하면 대수롭잖은 이야기 같지만 그 교만하고 심문하러 왔던 사람들이 자기도 모르게 겸손해졌다는 것은 그 사람들의 그때의 심경이 어떻겠는가, 이것을 한번 영화나 극으로 묘사해 봤으면 좋겠다고 저는 생각합니다. 그 후 종사님께서 "구내 구경 갑시다" 하시고 "여기는 식당이고 여기는 여자 선방이고 여기는 남자 선방이요"라고 하니 "예, 그렇습니까. 예, 그렇습니까." 낮에 보니까 정말 소제가 구석구석 잘되어 있었습니다. 평소 생활이 이렇게 구체적이고 철저히 하는가 감탄했고 우리는 일상생활을 자급자족으로 먹고 산다 하시고 산업부를 소개하면서 그때 대학 뒤에 산업부가 있었고 김병철 씨가 산업부를 보고 있었는데 마침 가니까 소를 끌고 나오더구만요. 산업부에 별 것 없었어요. 부사리 소 한 마리, 암소 두 마리, 돼지 몇 마리, 토끼 몇 마리뿐이었습니다. 집은 막집 같고 정말 별 것 없었어요. 여기는 소집이요, 여기는 돼지우리요, 하시더구만요. 그래 나는 뒤에 따라다니면서 무엇하러 저런 데를 다 소개하시는고 부끄럽게 생각하는데 '여기가 소 우리요' 하니 '하이, 하이' '여기가 돼지우리요' 하시면, '하이, 하이.' (일동 웃음) 하더만 병철 씨가 나오니 우리 산업부장이라고 하니 '하이, 고생한다'고 하는데 가만히 보니 하나도 좋다 할 것이 없는데 말씀만 하시면 '하이, 하이.' 소 보고도 돼지 보고도 '하이, 하이.' 합디다. 그래 이놈들이 눈이 빠져 버렸나 아무것이나 보면 '하이' 하게 생각했습니다. (일동 웃음)

따라다니면서 다 보고 그중 하촌 서장과 고등과장이 뒤를 따라오면서 일본 조동종의 개조(開祖) 도원 선사 같이 낮에는 일하고 밤에는 글 배우게 해서 성공한 분 같다 했고 고등과장은 일련종의 '일련상인' 같은 사람이라고 우리가 소개할 것이 없이 이제 자기들끼리 대종사님을 칭

찬하고 다닙니다. 그래 뒤에 따라다니며 들으니 고소합니다. (일동 웃음) 우리가 좋다는 것보다 자기들이 좋다고 하니 좋읍다. 자기들이 조사하고 심문하러 온 사람들이 이놈들이 모두 여기서 하는 말이면 모두 좋다고 '하이, 하이' 하고 차 타고 떠나 버리니 이것이 정말 기적이에요. 엊저녁에 그렇게 갑자기 청소를 시키시더니 이런 상황이 일어나고 저 사람들이 여기 말 듣고 가려고 온 사람들이 아닌데 "예! 예!" 하고 차 타고 도망가 버렸으니 기적이 아니고 무엇입니까? 그리고 나서 그날 밤에 자는데 금테 두른 사람이 많이 보이더니 다음날 아침에 그 사람들이 왔습니다.

이공전   그때 통했던가 봅니다.

김형오   아마 여기 심부름하는 데만 신경을 쓰니 통했던 것 같습니다. (일동 웃음) 그 사람들이 떠나고 그 후 경무국장이 나왔지요.

내가 모르니 대종사님도 모르실 줄 알고 큰일 났구나……

이공전   원기23년(1938) 8월 그때 우리가 문제 삼던 황은불이 나오는데 그때의 일을 말씀해 주세요.

황이천   지금 승산 선생님이 혼자 도취해서 그때 일을 안 잊어버린 것 같습니다. 사실은 그때 온 사람이 총독부 보안과장인데 보안과장이라 하면 종교 사상 단체를 책임지고 있는 사람입니다. 그런데 와 보니 좌우간 깨끗한데 미친 것 같습니다. 저도 따라다녀 봤지요. 대종사님은 미리 이것을 아셨는지 어쨌는지 청소를 미리 해 놓으신데 영향이 컸습니다. 이 사람의 보고에 의해 그 종교단체의 생명이 달려있던 때입니다. 이때 사람들이 불법연구회는 자활적으로 벌어먹는 단체로 생산하면서 생활하고 부처님의 뜻을 전파하는 생산불교라고 보고했습니다.

그 후 최후의 심판이 원기23년 8월 경무국장이 온다는 소식도 없이 왔어요. 경무국장이라고 하면 총독 정무총감 그다음 사람입니다. 이런 사람은 이런 데는 오지 않는 사람입니다. 그런데 뜻밖에 경찰부장, 고등과장, 서장, 고등주임, 총독부 조사과 종교담당 전문가 등 모두 왔습니다. 서장이 나보고 종법사를 불러내라고 해요. 그 사람들은 종법사라고도 하지 않고 창립주라고 합니다. 그분을 불러내라고 해서 대각전 북아실 응접실이 있었어요. 거기 모두 들어갔는데 그 사람들이 7~8인이 되고 여기서도 대종사님을 위시해서 유산, 주산, 팔산, 사산, 그때 문제가 심각했습니다. 과거의 이야기지만 잘 들어주셔야겠습니다. 들어서니 거두절미하고 대종사님한테 단판을 하는 것입니다. 물론 통역은 제가 했지요. 경무국장은 저한테 오래 고생했다고 하더니 대종사님께 질문이 당신들이 일원상을 모셨는데 그 밑에 천지 부모 동포 법률 사은이 있지 않느냐? 그런데 왜 황은(皇恩)의 위패를 모시지 않았느냐는 것입니다. 그런데 당시 심정을 생각하면 저도 사은을 안다고 자신을 했었는데 그때는 모두 황실주의 시대였습니다. 그런데 황은이란 말이 없으니 저는 통역을 하면서도 큰일 났다, 이제는 버렸다 생각하고 떡심이 떨어질 정도였습니다. 그래 대종사님한테 이 말씀을 전하는데 일부러 천천히 말씀을 드렸어요. 종사님이 "예!" 하시더니만 거기서는 종사님도 저한테 "예!" 했어요.

지금 경무국장 각하의 말씀이 당신들이 사은을 모시고 그 밑에 천지 부모 동포 법률의 네 위는 모셨는데 왜 황은 위패는 모시지 않았느냐는 이 질문입니다. 그렇게 통역을 했습니다. 그런데 제가 모르니 대종사님도 모르실 줄 알았습니다. 그래서 큰일 났다 생각했습니다. 불법연구회에 있는 사람이 이것 잘못되었다가는 거짓으로 보고 한 것이 되어 이제 나도 죽는구나 생각하니 풀이 죽었습니다.

그런데 종사님께서 즉석에서 "예! 저희가 불제자입니다. 불제자이지만 불은(佛恩)이란 말이 없습니다. 국민의 입장에서 보면 모두 황은이요 불제자 입장에서 보면 사은은 모두 불은이라, 안 썼어도 이것이 모두 불은이 됩니다. 지금 보시는 바와 같이 우리가 불제자지만 지금 불은이란 말이 없습니다. 그러나 크게 보면 사은이 불제자 입장에서 보면 불은이고 국민의 입장에서 보면 통치자인 황은입니다."

그러서요. 나는 멍청해도 금방 알아들었는데, 경무국장이 못 알아들어요. 그래 자꾸 투적 투적 하니 그 사람들은 관념적으로 황은을 빼놓았다는 것은 일본을 반대한다는 선입견을 가지고 있기 때문에 딴 소리를 자꾸 하니까 그것이 묘한 이치여! 옆에 속간이 총독부 조사과에 속한 속간, 종교 전문가들은 나만큼이나 쉽게 알아들었어요. 일본말로 '시카리데스' 하고 자꾸 말을 못하게 막습니다. 경무국장이 그렇지만 어찌고 말을 하려고 하면 자꾸 말을 못 하게 그 사람들이 옆구리를 찔러 막습니다. 종사님이 그때 황은 불은을 분명히 그렇게 말씀하셨습니다. 그러니 경무국장이 그럼 전부 나가라고 하더니만 나 혼자 앉혀 놓았습니다. 거기는 모두 일본 고위직 경찰관들이고 조선 순사로는 나 한 명뿐인데 경무국장이 "자네가 여기서 여러 해 시찰해 봤으니 그 사이 본 견해로는 이 단체를 어떻게 보느냐?"는 것입니다. 제가 주저할 것 같으면 큰일 나는데 종사님이 확연히 말씀해 주셨기에 저도 힘을 얻었습니다. 저는 간단히 "제가 보는 견해로는 이 단체는 좋은 단체로 봅니다."라고 엉겁결에 그렇게 말해 버렸습니다. 사실이지만 내 입장에서는 그렇게 말해서는 절대로 안 되지요. 적당히 나쁘게 말해야 하는데 제가 "이 단체는 좋은 단체로 봅니다."라고 하니 아, 그 자리가 숙연해져 버렸습니다.

왜 그랬느냐 하면 부수라고 보냈는데 좋은 단체라고 하니 어떻게 되겠습니까. 그러니까 말하자면 지금까지 봉급 주어 사찰시켰더니 엉뚱한 소리를 하니 공밥 먹였지요. 제가 이상한 단체라 하고 나쁜 말이 나와야 하는데 좋다고 하니 안 그러겠습니까. 그런데 경무국장은 이미 사전에 전부 알고 있었습니다. 또 제가 이렇게 답변을 하니 '아! 그러냐'고 긍정을 하더니 고개를 끄덕끄덕해요. 그때 서장이 '네, 고등계장이네.'라고 하니까 이 사람들은 눈을 부라리고 나를 쳐다봅니다. 지금도 그때의 모습이 눈앞에 삼삼합니다. 저 놈이 역적놈이란 것이지요. 저놈 헛밥 먹었다는 것이지요.

경무국장이 "그러면 네가 아는 바와 같이 이 단체를 직접 간접으로 온갖 경찰력을 총동원해서 저해하고 있다. 그런데 조선 사람들은 으레 첫 번에는 좋은 말을 하고 나와도 결국 뭉쳐놓으면 딴 일을 행한다. 그런데 이 단체는 그렇게 저해를 해도 조금씩 커간다. 그러니 네가 말한 대로 놓아둘 때는 2천만이 한 덩어리로 될 가능성이 있는데 그때 다른 길로 가면 어떻게 하겠느냐?"

지금 생각하면 종사님 덕택으로 명 대답을 한 것 같습니다. "예를 들어 말씀드리자면 일본도(刀)는 일본의 혼이라고 해서 제일입니다. 일본도는 정의에만 사용하기 위해서 만든 것입니다. 그런데 그 일본도를 가지고 어떤 사람이 불의한 일에 사용했다고 합니다. 그렇다고 이런 불의에 쓸 염려가 있다고 해서 칼을 만들지 않아도 되겠습니까? 그러니까 만들기는 만들되 정의를 위해 사용하게 지도 교양하는 게 정치 아닙니까?" 제가 제빨리 생각했어도 잘했어요.

경무국장이 '그렇다'고 그래요. "그럼, 이 단체를 너에게 맡기면 옆길로 가지 않게 할 자신이 있느냐"고 묻습니다. 그래서 "대단히 미급(未及)합니다만 제게 다 맡기시면 농촌 진흥의 교화사업이나 정신 계몽에 유효적절히 이용할 가치가 있는 단체라 생각합니다."라고 말했더니 벌떡 일어나서 나갔습니다. 지금 말이니 쉽게 하지 그때는 생사를 걸고 한 말입니다. 그래 종사님을 뵈러 나오니 조실 앞에 서 계셨습니다.

종사님이 "어떻게 했어?"라고 물으셔서 조실에 가서 자초지종 보고를 드렸더니 종사님이 "야! 잘했네. 재주가 있는 사람이여." 종사님은 "참 잘했네."라고 하시며 좋아하셨습니다. 저는 내일이면 제 목이 떨어질지 몰라 걱정이 되었는데 잘했다고 웃고만 계시니, "종사님! 저만 죽게 되었습니다."라고 말씀드렸더니 종사님이 "아니여!

사필귀정이여!" 경무국장이라 숭악(흉악)한데 이같이 생각하셔요. 그러나 저는 아무 소리도 안 들렸습니다. 내일 데려가려나 오늘 데려갈라나 걱정이 태산 같은데 아, 그날 저녁 서장한테서 전화가 왔어요. 자기 집으로 오라는 것입니다.

종사님께 "서장이 오라고 하니 가보렵니다."라고 말씀드리니 갔다 오라고 하셔요. 아, 가보니까 조그만 일본상에 과일을 좀 가져오고 술을 가져오더니 저를 오히려 위안하는 거예요. 저는 위안하는 말이 들리지 않았습니다. 그런데 경무국장이 가면서 사실 경무국장 정도되면 이런 시 단위에는 들르지 않거든요. 도에나 들러서 가지 그런데 경찰서에 들러서 '아, 거 조선 순경 인격자'라고 그렇게 말하더래요. 왜 그런 말을 했는지 저는 짐작이 갑니다. 그 사람은 이미 보고를 통해 불법연구회를 다 알고 있었는데 제가 아첨하기 위해서 '무엇을 잘못하네, 어쩌네' 하면 오히려 제가 미친놈이 되었겠지요. 그런데 그렇게 솔직히 말하자 제 말을 옳게 생각했지요. 모두 지나간 일이지만 종사님 도력입니다.

종사님이 황은 불은을 쉽고 확실하게 말씀해 주시는 데

서 제가 용기를 얻었습니다. 지금 생각하면 내가 어떻게 그렇게 했는가 눈물이 납니다.

시간이 없어서 간단히 말씀을 드립니다만 이 말씀을 드리려면 언제나 눈물이 나와요.

이공전   우리가 재가 교무제를 시행하면 시험을 보라 하시고 재가 교무가 되면 좋으시겠습니다. 두 분이 다 훌륭하십니다. 그러니까 황은 불은 문제를 젊은 학생들이 이렇다 저렇다 하는 것은 잘 몰라서 하는 말입니다. 마치 아버지가 '우리는 죽을 먹고살았다' 하니 아들이 '왜 밥을 먹지 죽을 먹었어요?' 하는 말과 같습니다. (일동 웃음)

황이천   대종사님이 일본에 대한 생각을 어떻게 가지고 계셨는지 단편적인 일 하나를 더 말씀드리겠습니다. 그때 모든 의식에 황국신민 서사(皇國臣民 誓詞)를 제창하지 않으면 안 될 때입니다. 그런데 종사님은 절대로 하지 않으셨습니다. 그것은 제가 분명히 증명할 수 있습니다. 일본 하촌 서장이 종사님을 가장 존경했지만 종사님은 '하촌'이라 하시었지 '가와무라'라 하시지 않았습니다.

황국신민서사를 하지 않으면 안 되던 시절에 어떻게 하시지 않았는지 저한테 이런 말씀을 하셨어요. "이천!"

"예." "거, 황국신민서사를 해보려고 하니까 혀가 잘 안 돌아가. 그래 못 배우겠는데 어떻게 하면 좋을까?" 그래서 제가 "아, 그러면 안 되시는 거 극구 하시려고 할 필요가 있겠습니까?" "그럼 어떻게 하면 좋을까?" "예회 날 현장에 나오시어 다른 사람이 하는데 안하시면 안 되니까 그 순서가 끝나고 법설하실 때 나오시지요." "그럼 그렇게 하지!"

그리고 꼭 늦게 나오시었습니다. 일본말로 사람 이름 한 번 부르는 것을 못 뵈었습니다. 꼭 한문으로 불렀어요. 그리고 그때 사산(四山) 선생님이 일본말 배우시다 혼났습니다. 일본말 못 배우게 한다고 하면 곤란하니 '왜학'이라 하셨지요.

이공전   대종사님께서 창씨하실 때는 어떻게 하셨어요? 대종사님 창씨를 '일원'으로 하시고 이름을 '중 자, 빈 자'로 안하시고 증득할 '증(證)' 자에 선비 '사(士)'로 하시었는데 뜻을 생각해 보면 '내가 일원을 증득한 선비'라고 이렇게 하셨지요.

김형오   "창씨는 어떻게 하시렵니까?" 하고 제가 여쭈었어요. "글쎄야, 그럼 우리는 일원(一圓)으로 해 버리자."

며 '일원증사'라 하셨어요.

그래서 전음광 선생이 일원으로 하시고 저도 생각해 보니 기왕 종사님을 따라다니려면 성까지 따라가는 것이 좋을 것 같아 저도 일원으로 했습니다. 그 자리에서 일원으로 결정하시었어요. 그리고 종사님께서 황이천 선생이 와 있으니까 최후의 작전으로 새벽에 불러서 무슨 말씀을 하셨습니다. 이제 잠도 같이 자니까 새벽에 할 수도 없고 하시니까 최후로 말씀하시는데 "이 목이 어려운 목이다. 이 목을 잘 넘기면 좋아진다. 그러니 각별히 조심해라. 그리고 황 순사는 대단히 무서운 사람이다. 재주가 있고 머리가 비상하다."고 하시었습니다.

이공전　　사자상이라 하셨다면서요?

김형오　　"저 눈구멍이 사자 눈구멍이다."고 그러시며 "재주가 있다. 그러나 다른 사람보다 나을 것이다." 하촌 서장이 오시니까 그 말씀을 하시었습니다. 황 선생이 옆에 있으니 다른 말씀은 못 하셨어요.

가뭄이 심하니 조선에서 물러가라 천황에 상소

이공전　이제 구산 선생님 말씀을 시작해야겠습니다. 시간이 15분 밖에 없는데 좀 넘더라도 양해를 바랍니다. 이 사건은 널리 알려지지 않았는데 왜냐하면 이 말을 하고 이 사건이 나기는 원기24년(1939, 기묘년 가뭄) 유명한 가뭄이 있었지요.

김제 만경 지역의 논이 전부 갈라져 작물이 모두 말라버리는 흉년이 들었는데 구산 선생님이 진안마령 교무로 계시면서 총부에 일본 천황한테다가 조선에서 물러가라고 상소를 냈어요. 시국도 어수선하고 농작물이 안되는 것은 책임자들이 정치를 잘못해서 그러는 것이니 물러나라는 상소를 냈다가 옥고를 치르신 이야기입니다.

황이천　대강 여러 곳에서 말씀을 들어 아실 것입니다만 구산 선생님은 정산 종사님 아버님이신데 그 당시 마령교당 교무로 있었어요. 그런데 이분이 불교는 잘 모르시고 유학에 아주 능하시었습니다. 학자지요. 그러다보니 사상이 유교사상이지요. 방금 이야기했지만 기묘년 가뭄은 유명해요. 벼가 다 자랐는데 7월 가뭄에 못 먹게 되었습니다. 농사는 다 짓고 못 먹었지요. 하나도 못 먹었습니다. 그래 이 양반이 가만히 생각해보니 이 흉년이 들어 못 살게 되는 것은 정치인의 덕이 부족해서 하늘에서 재앙을 주는 것이라고 생각을 한 것입니다.

총독이고 천황 이하 조선에서 물러나라는 투서를 총독부에 보냈습니다. 무기명으로 했지요. 그런데 총독부에서 받아보니 글씨도 잘 쓰고 문장이 잘 되었거든요. 누군지는 몰라도 진안에서 보낸 일부인이 찍혀 있으니 총독부에서 벼락같이 전라북도에 전화해서 이 사람을 색출하라고 했습니다. 그 내용을 보니 글도 잘하는 학자로 보여서 백일장을 붙였습니다. 진안서장, 진안군수 명의로 백일장을 붙이니 아, 이 양반이 거기 가서 백일장을 턱 봤어요. 그래가지고 당신이 이것 쓴 사람 아니냐고 현장에서 붙잡혔습니다.

그때 이 양반은 죄의식을 느끼고 쓴 것이 아니며 상소문같이 한 것인데 황실에 한 것은 말이 안 되지요. 그래서 좋은 이야기는 아니지만, 옥고를 당했습니다. 당시 이 분이 옥고 치른 것은 문제가 아니고 불법연구회가 문제입니다.

왜냐하면, 이 분은 불법연구회 교무님 신분이니까요. 대종사님과 친사돈 간이지요. 작은아들이 교정원장이고 큰아들은 전남 영산지부장이죠. 불법연구회 전체를 차지한 집안입니다. 그래서 문제가 되었습니다.

이 문제는 쉬쉬하니 잘 몰라요. 그래 조실에서 주산, 팔산, 유산 이 양반들이 모두 걱정을 하는데 이런 조회가 와요.

불법연구회 교무가 이런 불경죄를 저질렀는데 거기 교리에 그런 내용이 들어있느냐고 물어요. 너는 강습도 받고 했으니 잘 알 테니까 그 내용이 교리에 있느냐는 것입니다. 여러분들이 저보다 더 잘 아시겠지만 다 봐야 그런 조목은 없지요. 그래서 없다고 답변을 하니까 그러면 교리에는 그런 것이 없다고 하더라도 교주가 가만히 앉아서 지방에 요인이나 교무에게 그렇게 시키는 것이 아니냐는 것입니다. 그렇지 않다고 보고했지요.

이공전　　그래서 그 후 어떻게 되었습니까?

황이천　　이 문제는 그분 개인 사상으로 해결되었습니다. 하늘에서 재앙주는 것은 그 나라 정치인이 잘못한 것이라고 한 것은 구산 송벽조라는 분이 유교에 조예가 아주 깊어 서전을 인용해서 그런 것이라고 했습니다.

그것까지는 고전에 인거한 것이라고 했지만, 불법연구회가 완전히 해결된 것은 아닙니다. 그 후 대종사님을 이리경찰서에서 호출하시었어요. 오라고 해서 전음광이 모시고 갔습니다.

그 내용인즉 당신 제자가 그랬지만 다시는 그런 제자가 없게 하겠다는 시말서를 쓰라는 것입니다. 그것은 써도 상관이 없는 일이었습니다. 지금 세상에도 아들이 잘못했을 때 아버지가 '다시는 그런 일이 없도록 할 터이니 용서해 주시오' 하고 도장을 찍고 나옵니다. 이런 것을 써도 아버지는 형사상 책임이 없는 것입니다. 실시품에 이 말씀이 나왔지요.

이것이 성현과 중생이 근본적으로 다른 점입니다. "도장을 찍어야 하는데 내가 장차 주의는 하지만 도장은 못 찍겠소."라고 종사님이 그러니까 형식을 갖추려는 것인데 종사님이 도장을 찍지 않으니 서장이 보기에 상식에 벗어난다는 그 말입니다. 찍으면 그만인데 종사님은 찍지 않아요. 여러분도 이런 일이 있으면 얼른 찍어 주세요. 이런 일은 형사상이나 민법상 아무 책임도 지지 않는 것입니다. 그런데, 종사님께서 절대 찍지를 않으셔서 경찰서에서 하루를 졸쟁이를 당하셨습니다. 서장은 얼굴이 붉으락푸르락하면서 왜 안 찍느냐고 실랑이를 했습니다.

이공전   그때 서장이 누구지요?

황이천   천천이 서장이죠. 그는 왜 안 찍는지 상상할 수가 없었습니다. 시간이 한참 흘러도 나오지 않으시니 나는 걱정이 됐습니다. 그동안 제가 나쁜 일이 없다고 모두 보고를 했는데 무슨 일이 있어 안 나오시나 하고 걱정이 되어 나도 잘못 했다가는 큰일나게 생겼습니다. 허위 보고 사실이 드러나면 나는 죽어요! 발을 동동 구르다가 경찰서에 아는 사람한테 전화를 걸었어요. 거기 불법연구회에서 온 선생 왜 안 나오느냐고 물어봤더니, '그 영감 농판'이란 것입니다. 아, 아무것도 아닌 일에 도장 한 번 찍으면 그냥 나가는 일인데 안 찍는다고 버틴다는 겁니다. 그러나 기어이 안 찍고 해가 거의 져서 나오셨습니다.

나오시자 저는 뿔이 머리끝까지 났지요. 여러분이 올라와서 제 뺨을 때려도 좋습니다. 그때 화가 나서 "아, 종사님 왜 이제 오시오." "글쎄, 그렇게 되었구나." "아, 그렇게 되다니요? 도장 찍으라니까 안 찍었지요?" "그랬어." "아, 그렇게 미련하고 갑갑해서 어떻게 대중을 지도한다고 하시오? 아, 도장 찍어도 아무 상관도 없는 것인데 얼른 찍고 오시제 그렇게 고생을 하시었습니까?" "암먼, 그렇제. 내가 미련하고 갑갑하제."

나는 종사님도 미련하고 갑갑한 사람이라 자인을 하시었으니 나는 속으로 승승장구하고 있었습니다.

그래서 조실로 따라가면서 불평을 하니까, "이천! 내가 무엇이 그리 미련하고 갑갑할까?" "아, 여보시오. 생각해 보시면 알지 도장 그것 백 번 찍어도 소용없는 것입니다. 그것을 안 찍고 하루를 고생하시니 갑갑하지 않습니까?" "그럼, 거기에 도장을 찍으면 그렇게 되는 것인가?" 다시는 그런 제자가 없게 하겠다고 도장 찍으면 그렇게 되겠는지 생각해 보라는 것입니다.

"안 되지요. 안되어도 상관없는 일 아닙니까? 법적 책임이 없으니까 말입니다. 법적 책임이 없으니 말입니다."
"안 되는 일 된다고 도장 찍는 것은 양심을 속이는 것이야. 수양하는 사람이 다른 사람한테 뺨을 맞거나 행패를 당하는 것은 금시 고칠 수가 있으나 남몰래 자기 마음을 살짝 돌려먹기 시작하면 그 사람은 수양은 절대 할 수 없는 사람이야. 그래서 나는 징역을 가도 그것은 안 찍어." 라고 그러시더군요.

그러니까 범부가 그때 종사님 심경을 어찌 알았겠습니까? 이것이 종사님께 배워야 할 정신입니다.

이공전 실시품 10장의 내용을 보면 일제 경관에게 의연함을 보이신 대표적인 내용이 될 것 같아요. 그 무렵에 영산에 계신 정산 종사께서 광주경찰서에 들어 가서서 지금 생각해 보면 아버님 사건과 관련이 있었던 것 같아요. 그때 제가 보통학교에 다니며 집에 있을 때인데 어른들이 모두 걱정을 하시데요. 1주일 후에 정산 종사님 나오셨다고 지금 대학의 이운철 씨 집이 영광 길목에서 점방을 하는데 거기 들르셨다고 해서 저도 따라가 보았습니다.

그때 어른들끼리 하시는 말씀을 들었는데, 정산 종사님께서 "아, 이 사람들이 나를 잡아다 놓고는 아무 말도 묻지 않고 그냥 있더니 나올 때 아, 어째서 회가에 '천양무궁'이란 말을 썼다요? 그래서 알아보려고 오시라 했다"고, 그러셨습니다.

아마 구산 선생님 일이 대종사님 오시라고 해서 서약서

쓰시도록 하고 아드님은 이렇게 별도로 심문한 것 같습니다.

김형오 총부에서도 그때 하루는 유산 선생님이 "점을 해 볼랍니다."라고 조실에 사뢰니 "해 보라"고, 종사님은 다 아시면서도 남의 입을 통해 나오도록 하기 위해 그러신 것 같습니다. 두서너 시간 후 유산이 오니 "무어라 하던가"라고 물으셨어요. 아, 이상합니다. 나중에 필화(筆禍)라 하지 않습니까. 그래서 저도 '아, 붓 끝에 무슨 곡절이 있다'고 생각했습니다. 그래 제가 진안교당에 파견이 되어갔는데 여기 경무 주임이 진안서장으로 갔어요. 그래 안면이 있어 제가 파견을 갔는데 가서 알고 보니 백일장에서 탈이 났어요. 상을 타겠다고 글을 지어 올리니 글자 대조해서 잡히게 되었습니다. 말씀은 당연하지요. 천황이 덕이 없어 이렇게 흉작이 드니 물러나라는 것이 점잖으신 말씀이제! (일동 웃음) 점잖게 천황을 꾸짖어 보았다가 그런 일이 있었습니다. 진안에서 이런 실정을 알았습니다. 그때가 참 어려울 때입니다.

남원 불교도가 연판장 돌려 일 주간 옥고

이공전   그 무렵 지방에도 몇 군데 또 일이 있었던 것 같습니다. 남원에서 정관음행 선생님이 별 까닭 없이 붙들려가서 고생을 하시었고요.

김형오   전주 화해리에서 또 일이 있었습니다. 김도일 씨가 경찰에 맞았다는 소식이 있었는데도 파견할 사람이 있어야지요.

이공전   황 선생님 그때 지방 소식도 연락이 오던가요?

황이천   그때 교무선생님과 불법연구회 일이 있는 것은 순경들이 점수를 얻기 위해 모두 지방마다 탈을 잡아 본 것입니다. 그러나 별것은 없었어요.

이공전   남원 사건을 상산 법사님은 알고 계셨습니까?

박장식   그때가 원기23년(1938) 무렵 교당을 행교에 만들어서 순회 법회를 봤습니다. 조송광 선생(공타원님 아버님)이 남원에 오시어 법회를 보는데 처음으로 불법연구회가 남원에 들어왔다고 하니 주위 절에 다니던 보살 신도들이 많이 모였습니다.

그런데 이 어른이 설교하시면서 원래 기독교인이라 그

런지 이런 말씀을 하셨습니다. "더러운 흙으로 빚어서 만든 사람의 형상에 절을 하고 있으니 그런 미신 종교를 우리가 숭배해서 되겠느냐, 불상 숭배하는 것은 미신종교이고 새로운 시대가 용납하지 못하는 종교다."라는 뜻으로 이렇게 설교를 해 놓으니 그냥 물의가 일어났습니다. 이 어른은 조 장로라고 해서 유명한 분입니다. 말씀도 잘 하시는데, 절에 다니던 보살, 신도들이 연판장을 받고 해서 경찰서에 진정까지 했지요. 그래서 우리도 곤경을 당하고 정관음행 선생님은 1주일간이나 옥고를 치르고 나온 일이 있습니다. 그때, 유치장에 가둬 놓고는 교도 한 사람 한 사람 불러서 불법연구회에 돈 얼마나 냈느냐, 무엇을 배웠느냐, 일일이 신문 검사 하느라 1주일이 걸렸답니다.

그러나 집을 지은 것은 교도한테 걸어서 지은 것이 아닌 것으로 드러나 나오시게 되었으나 불교를 비방했다고 옥고를 치르시게 되었습니다. 지금도 간혹 구불교, 구불교 하고 설교할 때 쓰는데 이 말은 불교인이 대단히 싫어합니다. 그 사람들은 전통불교라 하면 좋아합니다. 그러니 지방에서도 그 점을 유의하시기 바랍니다.

이공전　　오늘 저녁은 이상으로 끝내지요. 내일은 주로 상산 법사님이 말씀을 많이 하실 것 같습니다.

김형오　　그때 문제가 많이 일어났던 것은 세 가지 문제입니다. 구남수 선생님이 화해리 가서 춤을 추시며 우리는 생불님 모시고 있다는 말씀, 우리는 돈을 놓고 제사를 지낸다는 것. 우리는 생전 극락을 산다 이런 말들을 잘못 발표해서 문제들이 될 때가 있었습니다.

그래서 제가 거기에 파견 나가 도일 씨 동생 되는 분하고 둘이 앉아서 법회를 보았습니다. (일동 웃음) 열을 내서 그때 강의를 했는데 '세상은 숫돌이다'라는 주제로 이 세 가지 문제를 이야기해주었는데 예회 날이라 경찰이 몰래 와서 듣고 순사가 잘 보고 했는지 뺨 한 대 안 맞고 그냥 풀려 나왔습니다.

이공전　　물욕 충만하니까 생각나는 게 있습니다. 원기 29년(1944) 형산 법사님이 신원교당 교무로 계시는데 묘량 주재소의 호출을 받아 가시며 일본 순사부장이 오라고 해서 가는데 저보고(13세 때) 통역 겸 같이 가잡니다. 그래 따라서 가보니 저에게 묻데요. 너의 회가에 '천양무궁(天壤無窮)'이란 말이 있는 것이 확실하냐고 해요. 그래

확실히 있다고 했더니 그럼 한번 불러 보래요. 그래서 아무 생각 없이 한번 불렀습니다.

그런데 순사부장이 깜짝 놀라요. 아마 그 곡이 일본 '기원절' 노래의 곡이었기 때문인 것 같습니다. 그래서 그 후 우리 회가를 개정하게 되었습니다. 내일은 말씀을 좀 축약해서 해 주세요. 세 시간씩 들어도 좋겠습니다만 시간이 한정되어 있으니까요.

내일은 일본 사람들이 이른바 '기원 2600년 기념'이라고 해서 말로만 황은 불은 하지 말고 실제로 충성을 보이는 것이 좋겠다고 대종사님이 일본을 들어가시려 하다 중도에 그만둔 사건, 또 하나는 대종사님 열반 전부터 시작이 되었다고는 합니다만 구체적으로 호남지국 사령부 목소장이 황도불교를 만들려고 하다가 정산 종사께서 부산으로 피신을 가시어 해방이 되어 해결된 사건, 정전 발간문제와 관련이 되어 김태흡 스님과 '상야노사'와의 관련이 돼서 두 분 스님의 덕을 보았다는 이야기를 듣도록 하겠습니다.

대종사님 일본 모셔다 황도불교화 하려 획책

이공전   저는 어젯밤 이야기를 하고 나가서 김인석 교무한테 들은 이야기인데 구산 선생님을 모시고 원평에 살 때 그런 말씀을 하시더래요. 소화(昭和)라는 말이 좋지 못하니 고치라고도 했대요. 그것을 소화(燒火)라 고쳐 썼다가 또 1년 반 옥고를 치르셨답니다. 그때는 중범으로 취급되어 면회도 못 했대요. 우리 교사 가운데 일본 강점기에 수난이 기록된 부분이 두 절이 있어요. 하나는 대종사님 시대의 '시국의 긴박과 계획의 보류'라는 것과 정산종사께서 법을 이으시고 '일정의 탄압과 해방'이라 해서 교사에 4페이지쯤 되어 있습니다.

오늘 밤이 마지막 이야기가 되겠습니다. 오늘 밤은 대종사님 말씀을 하실 때 축약을 해서 해주시고 원기25년(1940) 일본 기원 2천 년 기념으로 조선인이 축하 사절로 건너간 일이 있는데 우리 대종사님을 일본에 한 번 다녀오시도록 종용을 해서 그 스케줄에는 일본 천황을 알현하는 순서가 있고 신궁 참배 계획도 있고 했으나 가시지 않게 되었고 대동아 전쟁(태평양 전쟁)이 원기26년(1941)

12월에 일어나 시국이 긴박하니 우리를 해산시키느냐 이용하느냐를 결정해서 이용하기로 하고 '황도불교화 운동'이라 해서 끈질기게 공작했는데 우리에게 큰 힘이 되어준 분이 우리 한인으로서는 김태흡 스님으로「불교시보」사장이었지요. 또 일본 조동종 관장(官長) 후보가 16분이 있는데(우리 종법사와 같은 지위), 그 중 상야노사라는 분이 '박문사(博文寺, 이등박문의 영을 위해서 건설했던 절)'에 주지(住持)로 와 있었습니다. 그분(지금 신라호텔 자리)과 그리고 임제종 계통의 거사로서「대승」이란 잡지를 냈던 '중촌(中村)'이 우리에게 호감을 느꼈고 경찰로는 하촌서장, 이 네 분이 어려운 당시에 우리에게 힘이 되어 주었습니다.

대종사님 열반 후, 굉장히 간섭했던 전말과 정산 종사께서 위에 오르시고 황도불교화 하려고 군인 중 호남지국 계엄사령관 격인 목 소장이란 사람이 강압적으로 대들었던 이야기가 있습니다. 또 부산에 폭격사고가 있어 정산 종사께서 부산에 위문가신다고 가시어 몇 달 계시는 통에 황도불교 간판을 붙이지 않게 되었던 사실들을 간단히 말씀해 주세요. 그럼, 먼저 대종사님을 일본에 다녀

오시도록 했던 그래서 황도불교의 충신처럼 보이게 하려고 했던 공작과정에 대해서는 황 선생님이 말씀해 주세요. 아무리 바빠도 이것을 먼저 읽고 하지요.

「시국(時局)의 긴박(緊迫)과 계획(計劃)의 보류(保留)」

원기25년(1940) 4월로 새 회상을 창립 1대 제3회를 맞았으나, 때는 이미 중일전쟁이 고비에 올라, 일경(日警)의 주목과 간섭은 날로 심하고 대종사 또한 스스로 오래 머무르시기 어려움을 짐작하시어, 그동안에 뜻해 오신 몇 가지 계획 사업을 추진해보시었으나, 일정(日政)의 방해로 다 좌절되는 가운데, 갈수록 조심스러운 나날을 지내시게 되었다.

전쟁이 일어나자 일정 당국은 우리의 예회 순서에 이른바 의례를 강제 편입시키고, 모든 의식수입(儀式收入)은 국방헌금하도록 강요하였으며 형사를 파견하여 대종사와 교단을 감시하고 가지가지 구실로 여러 차례 간부를 구속하였으며 그동안 써 내려온 회상의 시창 연호(始創年號) 사용을 금지하고 회보(會報) 발행의 중지를 불가피하게 하였으며 원기26년(1941) 12월에 소위 대동아 전쟁이 일어나자 이듬해 3월에는 임시보안령(臨時保安令)이라는 것을 발표하여 결사 존속계(結社存續屆)를 제출케 한 후 교당의 신설에 은연 중 제약을 가하고, 불교연맹(佛敎聯盟)이라는 일인(日人) 승려(僧侶) 주동 단체에 참가시켜 시국 행사에 자주 동원케 하였으며, 동 하선기(冬夏禪期)와 예회 횟수(例會回數)를 감축시켜 일어(日語) 보급과 근로 작업에 동원시키고 더러는 교당을 그들의 소위 연성도장(鍊成道場)으로 임의 사용하였다. 이러한 가운데에서도 대종사께서는 의연(毅然)하신 태도로 그들을 대처(對處)하시고 소극적인 협력으로 그들을 무마하시다가 25년 1월에는 교역자 양성 전수 학원(專修學院)으로 유일학원(唯一學院) 설립의 청원서를 제출하였으나 시일만 천연하다가 이듬해에 좌절되었으며, 27년 4월에는 탁아소 겸 보육원으로 자육원(慈育園) 설립을 청원하였으나 그것도 좌절되었으며, 이미 설립된 산업 기관들도 시국이 날로 긴박해짐에 따라 거의가 답보 또는 중단 상태를 면치 못하였다. 당시 일정당국은 친일적 단체를 제외하고는 대소를 막론하고 한인단체(韓

人團體)를 허용하지 않았으나 일본이 본시 불교국이라 불법(佛法)을 두대하는 회상을 공공연히 탄압하지는 못하고 사전 검열 사후 보고라는 엄격한 규제(規制) 밑에 새 회상의 일동 일정을 샅샅이 감시 제약(制約)하였다.

이에, 대종사께서는 모든 신규 계획 사업을 다 보류하시고 그동안 몇몇 중진 제자(重鎭弟子)의 개인 명의로 등기되어 있던 교산(敎産)을 27년 5월에 공증증명(公證證明)케 하시었으며 그해 10월부터는 강연의 기회를 지어 각지 교당을 최후로 순회하시어 교도들의 신성과 결속을 다져주시었다.

황이천 제가 말씀 안 드려도 자상스럽게 적혔네요. 당시의 탄압은 이루다 말로 할 수 없었습니다. 여러 사람이 다 압니다. 간행물도 일체 못하게 하고 어디 출입도 못 하게 하고 특히 중요한 문제는 황도불교에 편입시킨다는 것입니다. 어젯밤에 말씀드린 바와 같이 경무국장이 다녀간 후에 바로 명령을 내렸습니다.

종사님은 일본 천황을 만나고 여기 이천은 황도불교를

연구해서 대전으로 파견하라고 했습니다. 그래서 별수 없이 대종사님도 간다고 하셨습니다. 그 증거로는 국민복을 입으시기 위해서 창기가 맞춰드렸습니다. 대종사님의 위력이 여기에 있습니다. 일정이 꼼짝 못 하게 하고 이름도 고치고 성도 고치고 했습니다. 그래서 일본 사람을 억지로 만드는 시국인데, 이제 탈 잡을 곳이 없으니까 이렇게 해서 황도불교를 만들려고 하니 이것은 거절할 수가 없었습니다. (당시 상황으로) 그런데 대종사님이 서울을 다녀오시더니 이런 말씀을 하시어요.

"이천, 내가 일본을 못 가겠는데(원기27년) 어떻게 하면 좋겠는가."

"아, 못 가시게 생겼으면 말아야지요."

"나는 못 가겠구만."

그때 안 가신 것이 정말 잘하신 것입니다. 그때 대종사님도 안 가시려고 준비를 했고, 당시 시국 정세가 하루만 황도불교 간판을 걸었어도 이 불법연구회가 해방 후 유지 되지 못했을 것입니다. 왜냐하면, 타종교에서 친일종교라 해서 우리를 부숩니다. 이때가 가장 큰 고비였습니다. 여러모로 대종사님이 제때에 돌아가신 것이고 돌아가시니까 이것 내버려 둬도 자멸할 것으로 생각했던 것입니다. 살아계셨으면 원기27, 28년에 분명히 황도 간판을 붙였을 것입니다. 이것은 절대로 분명한 사실입니다. 이것을 보면 종사님이 죄다 알고 돌아가신 것 같습니다. 그러니 여러분들이 다시 한번 눈물을 흘려야 합니다. 이것을 나는 '대종사님 열반의 이면상'이라고 말합니다.

이공전　　그때 일본을 가시려고 할 때 상산 법사님하고 창기 선생하고 수행을 하려고 했지요. 그 당시 상황을 말씀해 주세요.

박장식　　그네들이 대종사님이 충성을 행동으로 표시해야 한다고 강요를 했는데 몇 번 연기를 하시다가 안질도 생기고 하니까 가시기도 곤란했지만, 하도 그네들이 강요해서 창기 선생과 같이 가려고 했습니다. 그리고 부산에 내려가서 안과에 다니시며 치료를 하셨어요. 처음에는 초량에 계시다가 나중에는 부민동교당에 계시면서 치료를 하시었는데 그때 교무님은 조일관 선생님이 계셨습니다. 그래서 가실 폭 잡으셨는데 하루는 전음광 선생이 내려오셔서는 자기들끼리 회합을 해서 '안 가셔도 된답니다.' 하고 보고를 드리니 마침 안질도 있고, 가실 생각도 없으신지라 잘되었다 하시고 바로 총부로 환가하시게 되었습니다. 그런데 그들이 처음에는 그렇게 강요를 하다가 어째서 다음에는 그냥 두라고 하였는지 그 이면에 대해서는 퍽 궁금한데 아마 일본에 가신다고 할 것 같으면 거기에 한인 동포들이 많이 살고 원체 인물이 훌륭하시니까 어떠한 변이라도 생기면 오히려 자기들의 입장이 곤란할 것 같아 그런 것 같아요. 그렇게 제 나름대로 추측해 봅니다.

대종사님 천만방편으로 위기 모면

이공전 그 후 또 점차로 일본 사람들이 우리뿐 아니라 각계각층을 동원해서 사상을 통일하여 전시체제를 갖추려고 했지요. 그래서 소위 불교계에 범행단을 만들어서 지금 청담스님을 비롯한 춘원 이광수 선생 등 거물들이 동원되어 대한민국 방방곡곡을 돌아다니며 일본에 협력하는 강연을 하게 한 사건이 있는데 대종사님께도 강연을 같이 다니실 것을 요청하러 왔는데 말씀을 못 알아들으시는 것 마냥, "우리는 그냥 시키는 대로만 하겠습니다." 이 양반이 인품은 훌륭하신데 별로 말을 못 알아듣는 것 같다고 하며 웃고 나가 버렸답니다. 이것도 보면 천만방편이시지요. "그저 지도만 잘해 주셔요. 우리가 무엇을 압니까?" 하고 무슨 말을 해도 이 말씀만 하시고 계셨습니다. 그런 일이 있고 또 별도로 김태흡 스님이 강연 차 이리에 오셨다가 우리와 결연을 맺게 되는데 그 결연의 경유로 해서 상야노사와 관련이 됩니다. 상야노사가 우리를 돕기 위해서 총부에 있으시면서 우리 교리를 며칠 동안 연구를 하고 그랬지요. 상산 법사님이 자상히 말씀해 주시지요.

박장식 나보고 자상스럽게 말하라고 하는데 자상스럽게는 못하겠고 당시로선 사회의 거물들이 시국 강연을 강요 당해 돌아다니는 때인데 마침 불교계의 김태흡 스님하고 일련종(日蓮宗)의 '흑전(黑田)' 이 두 분이 호남 방면을 순회하는데 들으러 가라해서 들으러 갔습니다. 이리 동본원사에 장소를 정해서 하는데 김태흡 스님이 황도불교를 주제로 말씀하셨고 일본인 한 사람이 했습니다. 우리 유산 선생이 사회를 보고 도와주니 이분들이 고맙게 생각해서 기왕 여기까지 왔으니 대종사님을 뵙겠다고 자발적으로 왔어요. 그래서 같이 총부로 오게 되었는데 창기 선생 댁에서 대종사님을 뵙게 되었어요. 그런데 말 몇 마디에 김태흡 스님이 대종사님을 아주 존경하게 되었습니다. 그분이 이렇게 말해요. "평소 말로만 대종사님의 말씀을 들었는데 막상 뵈오니 추운 날 화롯가에 앉은 기분이라고 이런 덕화를 가진 어른을 처음 뵈었다, 자기가 많은 고승석덕(高僧碩德)을 대해 봤지만, 이 어른처럼 자비와 덕화가 많으신 분은 처음 보았다"고 극찬하면서 "제가 도움이 될 일이 있다면 힘닿는 대로 도와드리겠다"고 무엇이나 말씀해 주시라고 해요. 그때 대종사님이 제일 어려웠던 일이 『정전』 출판입니다. 정전 출판을 위해서 원고 정리해서 도(道)로 보내면 도에서 빨간 줄만 많이 그어 환송해 버리곤 해서 곤란을 겪던 때입니다. 이때 육대요령을 가지고 공부했지만, 정식으로 쓰는 교전으로 이때는 대종경은 없었고 정전과 불조요경을 통합한 것을 원고로 만들어 제출했어도 번번이 허가를 안 해주어 못했던 때입니다.

이공전   그때 직접 총독부에 허가 신청을 안 하고 도에 했구만요.

박장식   그랬지요. 그러다가 김태흡 스님이 "도의 경찰국을 상대해서는 대단히 어렵습니다. 제가 「불교시보사」를 하므로 직접 학무국과 관계가 되고 있으니 죄송스럽지만 제 이름으로 하고 책 이름도 정전이라고만 하지 말고 불교 자를 하나 더 붙여 『불교 정전』이라고 합시다."고 해요. "이렇게 하신다면 제가 자신하고 출판하겠습니다."라고 하니 대종사님께서 "아, 그것참 좋은 의견이라고 하시면서 그렇게 하라."고 하시대요. 빨리 올라가서 간행하라고 하시어 바로 빨간 줄 친 것을 정리했습니다. 범산 선생이 서기로 있을 때였죠.

이공전   그때 상산 법사님이 총무부장님이시고 저는 총무부 서기였어요. 그런데 왜 교무부가 있는데 총무부에서 정전 편수를 취급하게 되었는지 모르겠어요.

박장식   그 이면에는 또 여러 가지 문제가 있었습니다. 서대원 선생님이 주로 편수를 맡아오셨는데 여러 가지 사유가 있어서 절에 가 계실 때라. …… 한 가지 빠졌습니다. 일정의 압제가 심해 가니 어떻게 하면 좋겠냐 하시어 "제가 방안이 있습니다. 박문사 큰절 주지는 총독부 고문과 같이 되어 있는데 형식으로라도 그 신도 단체인 복취회(福聚會)의 익산지부의 간판을 하나 붙여 놓으면 그네들이 함부로 압제를 못 할 것입니다. 한 방편으로 해 보시는 것이 좋은 줄로 생각합니다." 이렇게 말씀드렸더니 그래 「불교시보사」에 가서 의논을 해보라고 하시어 서울로 올라가 김태흡 스님과 같이 박문사에 가서 상야노사를 만났고 불법연구회 소개를 잘 해주고 대종사님 뵈었다는 이야기를 소상히 하데요.

그로 인해서 김태흡 스님이 선 때 강연도 더러 했고 여러 번 내려오게 되었습니다. 그리고 나중에는 상야노사가 시자를 데리고 이곳에 내려왔습니다. 원체 노인이고 한 쪽이 불편했는데도 대종사님께서 권하시는 법좌에 앉아 법설도 하고 했습니다. 그런데 유산 선생님, 영산 박대완 선생님은 일본 승려 데려다 앉혀 놓고 우리가 절할 수 있느냐고 상당히 울퉁불퉁하고 항거도 했습니다. 그러나 대종사님이 임석해 계시고 명령하니까 다 같이 순종해서 법설을 듣고 상야노사 스님이 왔을 때 창기 선생이 찍은 사진은 지금도 어디 있을 거예요. 그리고 상야노사가 와 가지고 '육경부'라는 사람과 정전을 검열했다는 것은 승산 선생이 잘 아니까 경로를 말씀하시지요.

이공전　　그때 금강원에 계시면서 그랬지요.

김형오　　보천교를 없애버리고 나서 불법연구회에 손을 대는데 손을 대려고 하니 탄압할만한 하등의 조건이 없었습니다. 재정 문제와 남녀관계에 이상이 없다면 교과서에 손을 대봐야겠다 생각했나 봅니다. 방금 말씀하신 것과 같이 상야노사라고 하는 사람이 시자를 데리고 와서 지금의 금강원에 기거하며 교과서를 검열하는데 통역할 사람이 없으니 이리경찰서의 '육경부'라는 이가 묻는 말에 대답해 주고 번역을 해주어 근 1주일 동안을 해석해서 결론을 붙였습니다. 그런데 이 단체는 사회를 정화하는데 좋은 단체란 뜻으로 전에 배헌 씨가 소개한 것과 비슷했습니다. 지금도 '조선의 유사 종교'라는 책을 보면 알 것입니다. 이렇게 해 놓으니 일경이 손을 못 대고 악몽이 씻어지기 시작했고 상야노사가 와서 있는 동안에 제일 복잡한 것이 하나 생겼는데 '행경'이라는 고등계 주임이 아주 무식한데 '시자 시녀'에 대해서 이것을 가지고 한 1주일 동안 골머리를 썩었습니다. 이 사람이 말을 못 알아듣고 계속 이것이 무엇이냐고 따졌습니다.

이공전　　은부 법자를 처음에 '은부시자', '은모시녀'라고 그랬습니다. 그 시자 시녀라는 용어가 일본 경찰의 촉각을 곤두세우게 한 거지요.

김형오 그때 백백교 사건(白白敎事件)이 일어나 세상이 시끄러울 때, 시자 시녀 제도에 트집을 잡았습니다. 불교의 상좌(上佐)제도와 같이 절에 가면 상좌와 같은 것이라고 해서 전무출신이야기, 전무출신을 하기 위하여 서로 의지해야 한다는 이야기로 대종사님께서 1주일 동안 설명하시었습니다. 이때 일본인한테 가장 괴롭힘을 당했습니다. 아무리 복잡해도 대종사님이 말씀을 안 하시는 데 이때는 상기가 되어서 머리에 손을 대시며 '아 참!' 하시면서 고민하셨습니다. 얼굴이 발갛게 상기가 되고 그러셨습니다. 그러나 상야노사가 좋은 단체라고 결정해 버리니 이것저것이 해결되었지요.
이런 이야기가 한둘이 아닙니다. 단시간에 말하자니 하나 들어서 끝내 버립니다.

부처는 그 곁을 떠나기 싫은 마음 나는 분

이공전 그때 도의회에서 박모라는 익산 출신 도의원

하나가 우리 말을 나쁘게 해서 상당한 곤란을 받은 일이 있지요? 이름까지 밝힐 것은 없겠지요.

김형오   그때 도 평의회라는 것이 있었어요. 결의기관은 아니라도 지방 자치단체라고 해서 도에서 의회가 벌어지는데 익산군에서는 박모 씨와 소모 씨가 당시의 도 평의회 의원입니다. 그런데 익산에 불법연구회가 있고 보니까 그 무슨 억하심정인지 회의에 제안했어요. 익산에 묘한 불교단체가 있는데 경찰국장을 불러서 왜 그런 단체를 취조하지 않느냐고 따졌어요. 정체도 분명치 않고 미묘한 단체인데 왜 그대로 두느냐? 아, 그러니까 경찰국장이 당당하다고는 하지만 도 평의회에서 문제가 생기니까 복잡해졌습니다. 다시 그럼 조사를 해 봐라 어째라 해서 문제가 되었습니다. 그래서 제가 답변한 일이 있는데 여러분이 생각해 볼 때 그 사람이 혼자만 나쁜 것이 아닙니다. 원칙은 도 평의회 의원이 자기와는 아무 관계가 없는 일인데 트집을 잡고 달라 들었던 것입니다. 생각을 해 보세요. 그런데 그때 아부하는 사람은 모두 나쁘다고 해야만 했습니다. 또 전쟁을 해야 한다는 동원법이 나왔는데 최남선 씨, 이광수 씨, 이종인, 최린 등 유명한 분들도 총동원이 되어 각처에 가서 전쟁에 이겨야한다고 강연을 하고 다닐 때 대종사님은 모면을 했어요. 이때 김태흡 스님이 『불교 정전』을 간행하고 도 경찰국에 호출되어 잡혀갔는데 '왜 너는 불법연구회 회원도 아닌데 네가 불법연구회 출판물을 맡아 해주었느냐.'는 문책을 들었습니다. 여기 전라북도에서는 일체 간행물을 못 내게 결정이 되었던 때라 아무것도 허가를 안 내주는데 뜻밖에 서울에서 『불교 정전』이 수북이 나와 들려주니 경찰국에서 깜짝 놀라서 살펴보니 불법연구회 내용인데 김태흡 스님이 해주었거든요. 그래 해줬다고 해서 혼났어요. 시말서까지 써서 제가 그 내용을 잘 알아요. 그런데 연전에 용케 김태흡 스님과 용두사에서 만날 기회가 있어 대번에 제가 이렇게 물었어요.

"대체 그렇게 혼이 나가면서 원불교를 나쁘게 말해야 붙어살기가 편할 판인데, 어떻게 해서 불교 정전을 간행 출판해서 곤욕을 당했습니까?"

여러분들은 모르지만 그때 환경을 생각하면 보통 일이 아닙니다. 그래서 대번에 "노장 스님! 대종사님 살아계실 때에 온갖 정성을 다 들였고 존경하신 줄로 알고 있는데 뭘 보고 그랬소?" 하고 물으니까 저의 질문에 당장 대답을 않고 "예, 선생님께서는 제가 들건 데 불법연구회에서 경찰관 직책을 가지고 대종사님을 오래 상종하셨단 말씀을 들었는데요." "예, 그렇습니다." "종사님 옆에 있으면 떠나기 싫은 생각이 있지 않았소?" "아, 생각해 보니까 그래요. 그랬습니다."라고 했더니 "예! 그게 부처님입니다. 선생님은 그랬어도 몰랐을 것이요. 나는 9세시부터 불교에 입문한 사람입니다. 지금까지 부처되는 법과 부처님의 행동을 연구하지 않았겠소. 그런데 대종사님 곁에 가보니 첫 번은 말씀을 하시는 것이 그렇게 유식한 것은 아니지만 진리에는 밝더라고요. 그런데 두 번째 뵈오니 떠나기가 싫었습니다. 그래서 그 후부터 나는 부처로 모십니다." 그러면서 "부처라는 것은 별것이 아니고 자비심이 많아 옆에 가면 떠나기 싫은 마음이 나도록 하는 것이 바로 부처입니다. 지금 생각하면 종사님이 나보고 죽으라고 했다면 죽을 수 있었을 것입니다. 그분이 부처님입니다."라고 그러서요.

그분 말을 듣고 보니까 나는 생전 살았어도 헛살았어요. 잠깐 두세 번 만나서 바로 부처님으로 알아봤는데, 나는 참말로 부끄러운 생각이 들었습니다. 몰랐구나! 실지가 그래요. 여러분도 당해 보신 분도 계시지만 혼이 나든지 어쩌든지 종사님 곁에 있고 싶었습니다. 김태흡 스님이 "나는 잘하든지 못하든지 종사님 명령이면 다 하렵니다."라는 그런 말씀을 해요. 이와 같이 한쪽에서는 상관도 없이 나쁜 단체라고 헐뜯는가 하면 초면에 만났어도 신명을 다한 분도 있었습니다.

박장식 아까 말씀한 바와 같이 도의회에 거론이 되어 상정이 되었나 봐요. 그런데 회의가 연기되어 우리는 남원에서 그 소식을 알게 되었습니다. 돌아가신 박영식 선생님이 도 평의회 위원으로 계셨고 일본사람 제야가 도 위원으로 있어 그 이야기를 듣게 되었습니다. 그래고스노란 일본 평의원을 찾아가서 의회에서 이런 말씀이 되었다고 하는데 내용이 어떻게 되었느냐고 물은 적이 있습니다. 그랬더니 당신 형님한테 말을 잘 안 들었느냐고, 그때 대단히 나쁜 단체라고 말 들었다는 겁니다. 그래서 제가 아는 대로 여러 가지 내용을 말씀드리고 책자도 드렸습니다. 다음 회의에 또 거론된다면 직접 선생님이 나와서 보시고 우리 단체가 어떤 단체인가를 말씀해 달라고 부탁했더니 쾌히 승낙했습니다. 그러나 그 뒤로 거론이 안 된 줄로 알고 있습니다.

그리고 정전 간행에 대해서는 아까 말씀이 많이 되었습니다만 김태흡 스님이 어떤 하나의 사명을 띠고 대종사님의 법을 이 세상에 펴시는데 큰 역할 하시러 서원을 세우고 나오신 분이라, 저는 항상 이렇게 생각합니다. 부처님 당시에 팔만사천 가지의 법문을 했지만, 부처님 생전에 책이 못 나왔다는 사실은 다 알고 있습니다. 대종사님 당시에 친히 감수하시고 편수하시어 직접 보시고 돌아가셨다는 것은 우리 교단사에 무엇보다도 중요한 일이 아닌가라고 저는 느낍니다.

이공전 김태흡 스님이 돌아가시면 교단에서 조문 사절로 가도 상당히 예우해야 할 것 같아요. 참 고마운 분이에요. 교단의 은인입니다.

박장식 제가 한번 찾아뵈려고 용인 화운사에까지 갔었어요. 그런데 수원 가시고 안 계셔서 만나지 못하고 그리고는 안부도 묻고 했는데 뵙지 못했습니다. 해방 직후에 그 스님이 옥고를 여러 해 치른 일이 있습니다. 서대원 선생이나 저도 가봤고 교단에서도 여러 차례 심방한 일이 있는데 그때마다 "내가 사회에 나가면 불법연구회에 가서 일 하련다"고 말씀하셨지요. 그런데 상좌(上佐)도 있고 가정도 있고 해서 뜻은 이루지 못했으나 대종사님께 바치는 신성은 우리도 따라가지를 못했어요. 언제나 꼭 부처님으로 모시고 숭배하고 있었다는 것은 사실인 줄로 알고 있습니다.

이공전 대종사님이 열반하시니 그때 「불교 시보」에다 대종사님 추모기를 쓰고 한 것을 보면 정말 마음으로부터 숭배한 분입니다. 대종사님께서 열반하시니 다 상주가 되어 누가 나서서 집례하고 예감을 하겠어요? 그 스님이 다 하시었습니다. 그래서 그분이 주례하고 초종 장례를 다 마치고 상야노사는 49일째 오시어 대각전에서 흐느껴 울면서 자기의 종조 도원 선사에 비교하면서 말씀한 일이 있습니다.

그럼 이어서 대종사님이 열반하신 뒤 일본 사람들이 극단적인 간섭을 했던 이야기를 아까 붕산 선생님이 말씀하시려 해서 아껴 두시라 했습니다만 그것하고 갑신년(1944) 10월부터 을유년(1945) 8월까지 아주 숨 막히는 고비, 마지막 고비를 거친 일을 대강 말씀해 드리겠습니다.

김형오   우리는 화장장에서도 대종사님이 다시 일어 나시지는 않을까 생각했어요. "그런 어려운 고비에 나를 간다라 하고 저러니 이제 더 못 있겠다." 하실 때 마음에 죽음을 정하신 것 같습니다. 자해(自害)하신 것은 아니지만 아까 봉산 선생님 말씀처럼 그 어른이 계셨으면 우리 교단이 또 어떻게 되었을는지 훨씬 가해(加害)와 압제가 강하게 들어 왔을 거예요. 그래서 해방은 3년 남았는데 교단사에 어떤 오점이 있었을는지 모르고 그 어른이 수(壽)를 다 못하신 것이 천만번 죄송하고 안타깝지만 가서 주신 일이 우리 교운을 부지해 주는데 큰 의미가 있는 것으로 생각이 되어요. 원기28년(1943) 5월 16일 예회에 마지막 생사 법문을 하시고 점심에 상추쌈을 아주 맛있게 다 잡수시고 광란도 같은 그런 증상이 나서 열반하셨어요. 다른 때는 편찮으셨어도 그렇지 않으셨어요. 입원을 하시게 되니 정산 종사님께서 대중을 동원해서 기도를 시키고 하니 어린 마음에도 이상한 생각이 들었어요. 그러시다가 6월 1일 열반에 드셨습니다. 열반에 드실 때 병원에까지 손이 뻗치지는 않았어요.

어느 종교에도 없는 예전이 불교연구회는 있어

황이천   그런데요. 그때도 말씀드린 일이 있는데 종사님은 미리 다 알고 행사하시었습니다. 그 내역을 잘 알아야 해요. 왜 그러냐, 원기24년(1939)에 '서안사건'이라고 있는데 난 그때는 잘 몰랐어요. 그런데 서안사건 그 자체가 당시 「매일신보」에 '서안반월기(西安半月記)라고 해서 15회쯤 연재가 되었을 것입니다. 나는 책무가 있으니까 점심때쯤 간행물이 오면 조실에 가서 읽고 종사님이 보신 다음에 가져가곤 했습니다. 그렇게 신문을 보시는 일이 없는데 전음광이 그럽디다. 서안사건 만큼은 한 번도 안 빼놓고 대종사님이 꼭 잘 보신다고. 그래서 무엇을 열심히 주의해서 보시는가 살피는 것이 제 임무 아닙니까? 그런데 서안사건만은 하나도 안 빼놓고 지성스럽게 보시더니 끝나실 무렵에 무릎을 치시며 그때 더운 여름인데 북아실쪽 문쪽에 음광이 앉고 그 곁에 내가 앉았는데 "좋다! 좋은 세상 온다"고 하셨어요. 그렇다고 해서 누가 물어볼 사람이 없었습니다만 저는 물었어요. "종사님! 거 혼자만 알지 마시고 좀 일러 주시오. 무슨 세상이 그리 좋은 세상이 온다는 말씀이시오?" "음, 나 잡아가려고 그리여." 이때는 제 솔직한 심정이 종사님 해할 생각은 꿈에도 없었는데 조금 서운했어요. "아, 종사님! 무슨 말씀을 그렇게 하시오. 내가 어떻게 종사님을 잡아가요?" "음, 음, 잡아만 가면 괜찮게. 당장 죽일걸."이라고 그러서요. 어째 그러시는지 몰랐어요. 그래 더 반문할 수가 없었지요. 그러시더니 다 가르쳐줄라고 하는데 못 알아들으니 갑갑하신지 저보고 그러서요. "멍청아! 내가 모르는 줄 알아도 수만 년 후의 일도 다 안다."고 하셨습니다. 5백 년, 5만 년이란 말씀은 안 하시고 '수만 년 후의 일도 내가 다 안다.'고 하셨습니다. 그런데 내가 아는 대로 제대로 말하면 모르는 사람들이 자기들 모르는 줄은 모르고 나를 해한다는 것입니다. 이렇게 말씀해 주셔도 무슨 말씀이신지 알지 못했습니다. 그래도 모르니 갑갑하시어 내가 아는 증거를 댈까 그러서요. 그래 제가 얼싸 좋다 생각하고 "그럼 대어보시오." 했더니 "내가 이 회상을 영광에서부터 시작해 가지고 옛날 관혼상제법이 못 쓰겠어. 법구생폐란 그 말이여. 그래 예전을 고쳐서 관혼상제법을 만들었더니 회원들이 '아, 거기 다니면 배울 말도 있고 좋기는 좋은데 그놈의 상법을 쓰라는 통에 못 다녀.' 그리고 회원이 떨어진다."는 것입니다. 그런데 "생각해 봐"라고 그러서요. 지금도 예법 고치니 안된다는 사람이 있지요. 그 무렵 총독부 사회과에서 농촌진흥에 의례준칙을 만들려고 하는데 어느 종교단체에도 예전이 없었습니다. 예법을 마련한 데가 없었어요. 그러나 조그만 불법연구회는 예전이 있었거든요. 그러니 총독부 사회과에서 여기 현장에 나와서 공주 선생님 사진도 찍고 해서 의례편람(儀禮便覽)을 불법연구회 예전에 준해서 만든 것입니다. 그런 뒤로부터 불교 정전이 나왔는데 "내가 너희들한테 하도 시달려서 머리가 뜨거워서 못 앉았겠어, 여행 갈 테니 부지런히 하라."고 "야들아! 나 없으면 너희들끼리 만들려면 못 만들어! 그러니 나 있을 때 빨리 만들어라."고 재촉을 비상같이 하셨습니다.

심지어 이렇게 말하는 사람도 있었습니다. 승산 선생님도 그런 한패인데 "아무리 종사님이 몰래 가신데도 우리가 못 따라갈까 봐서요?" 양산 선생은 "짚세기(짚신)라도 신고 기어이 따라가지 못 갈까 봐서요?"라고 했어요. 그런데 돌아가시니 못 따라갑니다. 그렇게 준비를 해 나가셨습니다. 밤늦도록 불 켜놓고까지 재촉하셨어요. 『불교정전』을 만드는데 간단한 게 아닙니다. 돌아가실 때 제가 최후로 이리병원에서 말씀을 했어요. 그 이야기는 일일이 다 말할 수 없고 이리경찰서에서 보고가 왔어요.

이공전　　돌아가시면서 최후로 하신 말씀을 해 주세요.

황이천　　그 이야기 하자면 눈물이 나요. 나를 생각해서 하신 말씀인데 그때 멍청이가 뿌리쳐 버렸어요. 그 이야기는 안 하렵니다. 이리병원에서 밖에는 사산(四山)이 계시고 낭하에는 최상옥 씨, 정세월 씨 전부 앉아 있었어요. 사산 선생님이 입원했다는 말을 듣고 갔어요. 동아실 쪽의 특별실에 계시는데 문에 '면회사절'이라 써 붙였어요. 주치의 백이라고. 그러나 나는 들어갈 수 있는데 밖에 사산 선생님이 서 계시는데 체면상 들어갈 수가 없었어요. 문 밖에서 있는데 종사님 계신 방에는 상산님과 창기 씨가 있었어요. 그런데 문이 안에서 열리더니 "이천이 들어오라"고 하신다고 해요. 그래서 얼싸, 좋다 하고 들어갔지요. 들어가서 저는 이적을 하나 봤습니다. 의자에 앉아 계시는데 반가워하시며 이렇게 말씀하셔요. "2, 3일 전 경찰서장 회의가 있었다던데……." 그것을 물으셔요.

"이천, 무슨 회의가 있었던가?" 대종사님은 주야로 불법연구회에 관심만 있지 다른 것은 관심이 없으셨어요. 그래서 제가 이번에는 "불법연구회 이야기는 아무것도 없고요. 저 전쟁에 부지런히 나가고 돈도 잘 내고 군자금도 잘 내서 총동원해서 하라고 했습니다."라는 그런 등등 이야기를 했더니 "그랬어!"라고 말씀을 하시는데 한 곳도 아프지 않은 사람 같았어요. 그래서 제가 "종사님! 어찌 아프지도 안 하시구만 꾀병을 부리시오? 밖에서는 굉장히들 걱정하는데 와서 보니 아무렇지도 않구만요. 무엇 때문에 꾀병을 부리시오?" 종사님께서 "저 멍청이 봐! 금방 죽을 사람 보고 꾀병한다고 그러네."라고 그러셔요. 그런데 제 눈에는 아무 병도 없어 보였습니다. 그런데 말씀이 계속되니까 말끝이 흐려지시데요. 상산 법사님은 물 떠오라고 내보내시고 창기 씨는 모계수(파인애플) 한 통 구해 오라고 하셔요. 그래서 저는 날 주시려는 줄 알고 "그럼, 나도 나가렵니다." 하고 나오니 일어나려 하시며 저를 잡으시려는데 저는 뿌리치고 나왔어요. 뿌리치고 나와 병원에서 3백 미터쯤 되는 이리경찰서 문을 막 열고 들어서는데 전화가 '따르릉' 걸려 와서 받아보니 대종사님이 열반하셨다는 겁니다. 그래 서장에게 이야기했더니 그 사람들은 경사가 났습니다. 그때 종사님이 안 돌아 가시면 불법연구회 안됩니다. 대단히 죄송한 이야기입니다만 경찰들은 이제 일이 없어져 버리니 주임 모이라고 해서 서장실에서 회의하는데 회의내용이 멋집니다. 저는 주임 회의라고 해도 불법연구회와 관계있는 회의라서 들어갔습니다. 들어가 앉으니까 여기 종법사가 사망했으면 2대 종법사가 누가 되느냐고 물어요. 그것은 물어볼 것도 없이 송규 선생이 된다고 했더니 고등주임이 방정맞게 쏙 나서더니 2대 종법사는 송규가 될는지는 몰라도 그다음 공주 선생, 유산, 음광, 팔산, 사산 여섯인가 일곱인가 주워섬기더니 '도토리 키재기여.'라고 그래요. 그러니까 종주권을 뺏으려고 파벌이 일어나면 자멸할 것으로 본다고 했습니다. 이것이 서에서 기안해서 도에 보고가 됐습니다. 그러니까 종사님이 돌아가시면 흐지부지 없어져 버릴 것으로 생각했습니다. 만일 돌아가시지 않았으면 황도불교란 간판을 붙입니다. 만일 간판을 붙였으면 8.15해방 후 친일종교라 해서 복잡합니다. 나는 이 정치적 이면을 알기 때문에 종사님이 돌아가심은 적당한 시기였다고 생각합니다. 이런 점으로 봐서도 여러분들은 더 은혜를 느껴야 한다고 자신을 가지고 말씀드립니다.

이공전　좋은 말씀 들었네요.

황이천　자멸할 것으로 추측한 이유는 다른 종교단체가 이렇게 부서진 건이 많기 때문입니다.

박장식　어떻게 서에 보고가 들어갔는지 대종사님께서 이리경찰서 호출을 받고 가신 일이 있습니다. 그 당시 교기가 팔괘기로 되어 있었어요. 팔괘를 가지고 있으니 미신스런 것과 관련을 지어 주위에서 여러 가지 이야기가 나오곤 했습니다. 일원기를 만들어 보라 하시는데 "일원기로 하면 색을 어떻게 하면 좋을까하고 생각하다가 까만색, 파란색, 빨간색을 칠해서 구상을 해봤어요. 그런데 그 사람들은 어떻게 보고를 받았는지 대종사님을 오시라고 했어요. 그러니 대종사님께서 그러시데요. "근자에 저 자들이 직접 나를 출두하라는 말이 없었는데 무엇인가 자기들로 해서는 굉장히 중요한 일인 모양인데 같이 가 보자." 그래서 제가 모시고 갔었습니다. 그때 서장은 하시구찌(橋口)라고 남원 서장을 지내고 온 분인데 고등계 주임도 나이도도 남원서 고등계 주임을 하고 온 분이지요. 그러니까 대단히 신중한 문제가 있는 것으로 알고 이야기를 하데요. 교기를 만든다는데 대단히 불경스러운 일이라고 해요. 우리가 일원상에 대해서는 본래부터 신앙의 대상으로 해왔는데 온당히 교기를 만들려고 하는데 무엇이 불경스럽냐고 하니까 일본기를 가운데 도려내어 버리고 교기를 한다는 것은 불경스러워도 대단히 불경스러운 짓이라고 말해요. 국기를 모욕한다는 것은 자기들로서는 최고의 모독이라는 것입니다.

누가 하필 이렇게 보고를 했는지 모릅니다. 누가 자기 나라 국기의 가운데를 도려내고 하려고 했겠느냐, 우리가 자기들 국기 갖다가 하려고 한 것이 아니고 우리 신앙의 대상이 일원상인데 이런 색도 칠해보고 저런 색도 칠해보고 하는 구상 중인데 누가 잘못 보고한 것 같다. 이렇게 이야기했더니 서장도 남원에서부터 지면이 있던 터이라 나중에 가서야 그러냐고 하며 미안하다고 해서 돌아온 일이 있습니다. 이와같이 내부에서도 될 수 있으면 나쁘게 보고했습니다. 무엇인가 꼬집어 탄압하려는 의도가 역력했고 조금이라도 잘못하면 여지없이 당하겠다고 생각했습니다. 대종사님께서 그 뒤 더욱 조심하시는 것을 뵈었습니다.

이공전　아까 승산 선생님께 열반하신 후의 가지가지 간섭을 하였던 것을 후에 말씀해 주시라고 했는데 말씀해 주세요.

대종사님 앉으신 채 열반에 드시다

김형오　붕산 선생님이 대종사님의 열반을 말씀해 주셨는데 저는 5월 27일 묘한 영감이 들어 영광에 있다가 보화당으로 왔습니다. 와 보니까 28일 날 뵈오러 가려고 하니 사산 선생님이 "가지 마소 못 뵈옵네." 그러서요. 병원에서 못 들어오게 한다는 거예요. 그래서 보화당에서 삼사일을 기다리는데 6월 1일 낮12시가 조금 지나는 정도에서 제가 또 묘한 영감이 생겨요. 옷을 입고 나서며 "사산 선생님 오늘 종사님 못 뵈오면 종사님 못 뵈옵니다. 같이 가시렵니까? 어쩌시렵니까?" 했더니 "가서 못 뵈우는 데 어쩔 것인가, 날 따라오시오" 해서 같이 갔는데 가니까 상산 선생님도 계시고 정광훈 씨, 박창기 씨, 그리 몇 분이 서 계시는데 면회 안 된다고 그래서 마루에 올라서서 우리가 잠깐 인사드리고 간다고 해서 종사님 병이 더해지신다면 착각이다, 안 된다, 나는 오늘 기어이 뵙겠다고 창기 씨와 광훈 씨를 밀어버렸습니다. 그리고 병실로 들어가서 문을 열었지요. 내 생각에는 그 자리에서 정 못 뵙게 했으면 한번 나한테 맞았을 것이오. 행실을 내려고 작정을 했습니다. 사산님이 먼저 들어가 인사하시오 했더니 사산님이 인사하시고 나오시더니 소매에 눈을 대시고 눈물을 흘리시는데 '아, 큰일 났구나'라고 생각했지요. 그리고 내가 들어가니 "언제 왔느냐?"라고 분명히 말씀하시고 "삼사일 됩니다." 말씀드리니 "언제 또 올라오느냐?" "곧 올랍니다." 그렇게 말씀하시는데 안락의자에서 손을 탁 내리치시더라구요. 그때 운명하신 것입니다. 쫓아 와 문을 열어놓으니 주산 …… 등 여러분이 들어와 보시고 나와서 곡들을 하고 난리가 났습니다.

그리고 조금 있다가 오후에 총부로 모셨는데 대종사님은 앉으신 채로 열반에 드셨습니다. 모셔 놓고 뵈어도 하나도 돌아가신 분 같지 않고 생전 그대로의 모습이었습니다. 제가 면도를 해드렸는데 평상시와 같았고 좀 차기만 했습니다.

그러고 나니 경찰서에서 형사들이 나오기 시작했어요. 여기서 장례를 9일장으로 신청을 했는데 안된다고 6일장으로 하라고 병원에서 후세 사람이 뵙도록 한다고 유리관에 알코올로 모신다고 해도 경찰서에서 절대로 못한답니다. 그래 관에 모셔서 매장하려 했는데 그것도 안된답니다. 화장만 하라는 것입니다. 화장해서 없애버리라는 것입니다. 그리고 여기 모시고 와서 부패 안하게 주사는 놓겠다고 했더니 그것은 좋대요. 여름이라 이렇게 통제를 한 것은 다른 것이 아니라 다시 살아 나실까 봐 별별 수단을 다 부린 것입니다. 돌아가셨어도 무서워했습니다.

그래 별수 없이 화장까지 하게 되는데 대각전으로 운구(運柩)를 모시는데 안에서는 발인식을 하고, 도 경찰국에서 나온 경위가 감독을 하고 나하고 있었는데 어서 가서 갖다 하자는 것입니다. 아, 자기들 시키는 대로 다 하는데 발인식도 끝나기 전에 영구를 끌고 가자는 거예요. 그때 제가 이런 생각까지 했습니다. 무엇이 있으면 때려 버리고 오늘 죽어야지 저런 흉한 불량한 자들이 있느냐 곧 식이 끝나 가는데 그사이를 못 참아 빨리 가자고 칼집으로 밀어대는 겁니다. 당장에 때려죽이고 싶었습니다. 그런 상황까지 갔으니 얼마나 했겠습니까? 그러고 나서 운구를 모시고 가는데 각 지부에서 사람이 올라오면 경찰들이 길목을 지키고 못 오게 제지해 버리고 장의행렬도 2백 명으로 제한해 버렸습니다. 따라가도 안 된다고 하니 총부는 울음바다가 되고 원한이 있어서 밭으로 논으로 돌아서 갔습니다. 가기는 많이 갔지만 그런 압제를 받았습니다. 화장지에서 위관 뚜껑을 떼니 삼산 일본 사람 부장이 코를 대고 냄새를 맡아보고 향내가 난다고 하여 여러 번 냄새를 맡아 봤습니다. 화장해서 유골함을 땅속에 모실 때까지 봉함도 도장 찍고 따라 다녔습니다. 그렇게 무서워했어요. 조화를 부리는 분이라고 해서 그 뒤까지도 압제는 계속되었습니다.

이공전 대종사님 유체를 조실에 모셨을 때 승산 선생님께서는 면도해 드리고 손톱, 발톱 깎아 드리는 것을 제가 보았는데 그 수염과 손톱을 지금도 보관하고 계시는지요?

김형오 묘한 일입니다. 종사님께서는 아무것도 안 남기시려고 작정을 하신 것 같습니다. 그 후 그것을 버리기가 아까워서 좋은 종이에 싸서 주머니를 만들어 항시 제가 목에 단주하고 모시고 다녔는데 6·25 때 영광에서 늘 산속으로 피난 다니다 보니 못쓰겠어요. 착실히 둔다고 앞닫이(반닫이) 속에다 넣어 두고 …그리고 화장장에서 일본 경관 삼산이 냄새 맡아 본다고 허리띠와 대님을 풀었어요. 그래서 제가 그것을 몰래 감춰 함께 보관했었는데 피난 간 사이 불이 나서 전소되어 버렸습니다.

이공전   그리고 삼산이라고 마루 밑에 들어가서 엿듣던 사람, 또 대종사님 장의행렬에 재촉하고 냄새 맡던 그 사람이 좋지 못하게 기념이 되는 데가 있는데 우리 장의행렬 사진에 자전거 끌고 가는 사람이 그 사람입니다.

황이천   종법실에 대종사님 성체가 모셔 있고서 들어가 보고 싶은 생각이 태산같아도 남녀 제자들이 꽉 차 있어 망설이고 있었습니다. 그런데 공산 송혜완 씨가 안에서 문을 열더니 "이천 선생, 이리 오라"고 해서 가봤지요. 그 용모는 승산 선생님 말씀한 바와 같이 돌아가신 것 같지 않았어요. 낮잠 살며시 주무시는 것 같았어요. 그러니까 거기서 수의를 입히고 옷을 입히고 하려다보니 안 돌아가신 것 같아 며칠 연장을 해서 장례를 지내야겠다

해서 나를 들어오라고 한 것입니다. 대종사님이 돌아가신 것이 아니라 입정이란 것입니다. 그러니까 며칠만 더 연장하자는 거예요. 그래 저 자신이 봐도 돌아가신 것이 아니어요. 모두 만져 보았어도 아무렇지도 않고 눈 언덕도 내려앉지 않고 살짝 주무시는 것 같았어요. 아까 말씀한 바와 같이 일본경찰들이 자꾸만 화장을 하라고 독촉을 했으니까 말해봐야 정치적으로 안 될 것이 분명하지만 사실 눈으로 보니 나도 그렇겠다 생각해서 도에서 나온 사람에게 한 3일만 더 연장해 주는 것이 어떻겠냐고 하니까 자기는 처리를 못한다는 거예요. 그 자리에서 하니 못하니 하면 군중이 달려들지 모르니 처리를 안 하는 것입니다. 도에 연락을 해서 결정하겠다고 그래요. 연락했으나 안됐지요. 그래 하는 수 없이 화장지에서 화장을 하게 됐는데 화구에 관이 안 들어가요. 관을 은행나무로 특별히 제작했는데 성체가 하도 크시니까 관도 크게 제작했거든요. 그래서 탈관을 해 가지고 유체만 화구에 모시고 다비를 하였는데 관은 그대로 가지고 돌아와서 진열장을 만들어 유물을 보관했지요. '영모병'이라고 써진 그 진열장은 지금도 박물관에 보관되어 있지요.

황이천   성인은 역시 달라요. 하나도 악취가 없었어요. 그리고 경찰들이 사방으로 전보해서 사람 못 올라오게 했어요. 만세 부르고 소동 있을까 봐 그랬어요. 그래 상상했던 것보다 더 조용히 끝냈습니다.

김형오   조용했지요.

이공전   두 분 선생님이 한 분은 시봉 책임을 하시고 한 분은 사찰 책임을 하시어 또 지금까지 건강하게 사서서 증언을 해 주시니 참 이 이상 고마울 도리가 없습니다. 그리고 앞으로 오늘도 대종사님 열반 후에 정산 종사님께서 위를 이으신 후 군부에 의해서 숨 막히게 몰아붙인 황도불교화 공작이라든지 정산 종사께서 피신하시어 시일을 지연하시다 해방을 맞아 아슬아슬하게 넘긴 고비들은 도저히 시간이 없어 다루지 못하고 여기서 끝내야겠습니다.

이상으로 세 분 선생님을 모시고 일제하의 교단 수난사 내막 좌담을 모두 마칩니다.

대종사님 생존 당시 일본 고등계 형사과장과 고등과장이 총부 순찰을 나왔다. 두 일본인이 총부 식구들을 모두 손들게 한 후 밖으로 내보내고 대종사님과 주산 종사님만을 사무실에 남게 하였다. 두 분 몸수색을 하였다. 그때 주산 종사님께서 일본인들에게 말하길 '당신들 해도 너무 하는 것이 아니요.'하니 대종사님이 말씀하시길 '너희 놈들은 가만히 있어라. 내가 평생 쌓아 온 인격을 너희들의 경거망동한 행동으로 깎아 내린다. 이놈들아!'하였다. 그 옆에 있던 황이천 순사가 일본 두 형사에게 말하길 '이분들은 나라를 맡기어도 될 분들이니 괜찮습니다.'하여도 두 형사는 계속 몸수색을 하였다. 그러나 몸수색 결과 대종사님의 몸에서는 불과 2~3㎝의 노끈 두 가닥만 나오는 것이었다. 그것을 보고 일본 순사들이 감복 받고 '이 사람들에게는 나라를 맡기어도 되겠다.'하여 물러갔다.

- 대산종사 수필법문(원기80년 2월 10일 수계농원에서)

별록

기록으로 보는 황이천

대산 종사
박용덕
송인걸
장도영

일러두기

별록은 원불교 교단에 남아있는 기록을 통해 황이천 선진의 자취를
살펴보고 그 자료를 추가·보강하여 정리했습니다.

무명과 깨달음으로 호법 봉도

대산 종사

　회상 초창기 대종사님과 숙겁에 약조 있던 제자들은 여러 방면으로 호법 봉도(護法奉道) 하였는데 그 중에도 법석(法席)에서 춤으로 오체투지(五體投地)의 배례(拜禮)로 법흥을 일으키게 하는 분들이 있었습니다.

　그런데 붕산 선생은 무명과 깨달음으로 호법 봉도하였습니다. 대종사님께서 새 일대겁의 대운을 열으시며 만대의 계획을 세우시고 제도 문을 열으셨으나, 말세의 판탕한 시국과 완강한 중생 세계인지라 천신만고의 간난 뿐이었으나 제도의 만능으로 죄를 복으로 무명을 깨달음으로 중생을 불보살로 돌리고 만들어 주셨는데 이천 선생을 통해서는 무서운 일정(日政)을 넘기는데 위와 같이 하셨습니다.

　그러므로 일본인들을 진리적으로 벗어나지 아니하게

하셨으니 그 공덕 참으로 크며 이 회상의 역사와 더불어 같이 빛날 것입니다.

다시 말하면 이천 선생을 통하여 이 회상의 무저항, 비폭력의 정신으로 일원의 원만한 진리를 보여주신 것입니다.

또한 이천(二天)이란 법명을 주시어 장차 일정이 물러가고 이 나라의 해방과 독립이 이루어질 것을 예시하시어 암담하고 참담하였던 이 국민에게 큰 희망과 굳센 용기를 갖도록 하시게 했으니 이 또한 큰 공덕을 이루신 것입니다.

붕산 황이천 선생 영가시여! 무명과 깨달음으로 호법봉도하신 그 서원과 그 신성 다시 챙기시어 그 한마음 그대로 세세생생 대종사님 모시고 이 일하시어 대원정각을 성취하기를 간절히 부탁하는 바입니다.

* 이 글은 원기75년(1990) 4월 3일 붕산 황이천 발인식에 대산 종법사가 내려주신 법문입니다.

새 하늘에서 새 사람으로 바르게 살다

박용덕 교무

본명 가봉(假鳳). 일제강점기에 원불교를 전담하여 수사하던 순사. 1910년 1월 20일 전북 완주군 조촌면 구중리에서 부친 황준서와 모친 강상품행의 아들로 출생. 소태산 대종사의 인품과 가르침에 감복하여 훗날 제자가 되어 교중 일을 도왔다.

황이천은 초등학교를 졸업하고 19세에 김도훈과 결혼하였으나 장래가 막막하자 주위의 권고로 21세(1931년) 되던 봄에 순사 시험에 합격했다. 1931년 5월 1일 경찰교습소에 입소 훈련을 받고 10월 1일에 이리경찰서에 부임했다. 이후 이리 역전파출소, 황등주재소를 전전하다가 1936년 10월 익산총부 구내에 신설된 북일주재소에 파견, 민족종교 박멸의 구실을 찾기 위해 이후 5년간 불법연구회 사찰을 전담했다.

황 순사는 불법연구회 구내에 주재한 지 1개월 만에 식비 청구서를 받고 부정 단체는 아니라는 인식을 하게 되었다. 황 순사는 선객을 감시하기 위해 동하선을 같이 나고 사상 검토를 하기 위해 『육대요령』 등 교과서를 정독하고 사은에 대한 강의를 듣고는 참으로 그동안 배웠던 것은 헛것이었고 미련하게 살았다는 것을 깨달았다. 소태산은 황가봉 순사에게 일정하에서 거짓되게 처세하는 그에게 '새 하늘에 바르게 살라'는 뜻의 '이천(二天)'이라는 법명을 주었다. 소태산은 "내가 이천이를 가르쳐 놔야 내가 편하게 생겼어"라며 직접 『대학』을 가르치기도 했다.

이후로 황 순사는 소태산이 준 법복 차림으로 선방과 대각전에서 대중을 감시하며 먼저 조실에 보고하고 난 뒤에 이리경찰서에 보고했다. 4년 남짓 불법연구회를 사찰하면서 황 순사는 부지불식간에 공부가 상당히 익어갔다. 공명정대 검소 근면하고 절도 있는 대중생활에 감화를 받은 데다가 소태산의 법설을 듣고 나면 자신이 세상 이치를 다 깬 듯한 심정이어서, 예회 날에 자청하여 대각전에서 강연을 한 일이 있었다. 총부를 방문했던 지방 회원이 이 강연을 듣고 매우 감동하여 광주 집으로 돌아가서 '불법연구회를 사찰하던 형사가 종사주 법화(法化)에 도통했다'고 소문을 내었다. 이 일이 있은 뒤로 황 순사는 이듬해(1940) 4월 황화면(현 여산면) 주재소로 전임되었다.

3개월 뒤 이리경찰서 고등형사로 부임하여 불법연구회에 여러 방면으로 도움을 주었다. 광복이 되고 '전북신문'에 대서특필로 '불법연구회 괴롭힌 악질 고등형사 황가봉수 체포'라는 제목의 기사가 났다. 반민특위에서 실지 조사를 나섰고 불법연구회는 이에 대해 그의 무죄함을 증명했다. 황이천은 원기32년(1947) 6월 1일 소태산 대종사 열반기념일에 정식으로 입교 수속을 밟았고, 뒷날 자녀 명신이 전무출신했다. 그는 만년에 원불교 교도로서 돈독한 신행생활을 하고 총부와 각지 교당을 순회하며 '대종사 추모담'을 발표했고 「원불교신문」에 '일정하 사찰 형사의 회고-내가 내사한 불법연구회'란 제목으로 수기를 연재하기도 했다. 원기75년(1990) 4월 1일 81세를 일기로 열반했다.

〈출처〉『천하농판』(원불교 초기교단사 5권, 박용덕)

일제치하 교단의 산중인

송인걸 교무

일제강점기에 창립된 새 회상 원불교가 일정의 간악한 압정과 감시에 시달리던 시절, 조선인 순사(巡査)로서 직무를 수행하던 가운데 소태산 대종사께 감복, 제자가 된 후 교중 일에 도움을 주었던 붕산 황이천(鵬山 黃二天) 선생은 『대종경』 실시품 12장에 등장한다.

일경(日警) 총부 안에 북일주재소 설치

1916년 당시 한국은 국권을 완전히 상실한 식민지 상태에 놓여 있었다. 일본 제국주의가 식민지인 한반도를 소위 헌병과 경찰의 힘을 빌린 무단통치(武斷統治)로 다스리고 있던 시기에 원불교는 '불법연구회'란 교명으로 창립되었다.

따라서 원불교는 한국이 일제의 강점하에 고난을 겪는

가운데 29년이란 긴 세월동안 온갖 질곡과 수난을 이겨가며 창립기를 보내야 했다. 이 29년 동안 교조인 소태산 대종사를 비롯한 불법연구회 설립자들이 교단의 명맥유지와 사회운동을 위해 쏟았던 열의와 이에 대응하는 일제의 줄기찬 불법연구회 해체 시도는 8.15해방이 되도록까지 일관되었다.

원기20년(1935)에 민족지도자 도산 안창호(島山 安昌鎬) 선생이 익산총부를 방문했다. 그는 독립운동의 혐의로 일경에 의해 투옥되었다가 그 해에 가출옥이 되어 호남 일대 농촌 상황을 알아보기 위해 왔다가 불법연구회에 들르게 된 것이다(『대종경』실시품 45장 참조).

거물급 독립운동가가 다녀갔으니 자연히 불법연구회에도 더욱 일경의 관심이 쏠리게 되었다. 일경은 불법연구회에 대한 원거리 감시에서 근거리 감시의 필요성을 느끼게 되었다.

마침내 이리경찰서장 이쓰미가와 히데소우(泉川秀雄)는 불법연구회가 속한 북일면에 주재소를 설치해야 한다고 상부에 보고서를 올려 허가를 받았다.

북일면 임시주재소는 총부 안에 설치되었고 여기에 일

본인 고지마(小島京示)와 한국인 황가봉(黃假鳳) 두 순사가 파견되었다. 그들은 불법연구회의 일거수일투족을 감시하며 상부에 보고하였다. 얼마 뒤에는 황가봉이 도경에서 비밀경찰로 내정되어 경찰복도 입지 않고 아예 불법연구회 안에서 숙식을 같이 하며 더욱 철저한 감시활동을 벌이게 되었다.

1937년 중일전쟁이 일어나자 일정당국은 불법연구회의 예회(例會) 순서에 일본국가 제창, 황국신민서사 낭독 등 국민의례를 강제 편입시키고 모든 의식수입을 국방헌금하도록 강요하였으며, 형사를 파견하여 대종사와 교단을 더욱 감시하고 그 동안 사용해온 회상(會上)의 시창연호(始創年號) 사용도 금지하였다.

황가봉은 1910년 1월 20일, 전북 완주군 조촌면 구중리에서 황준서 선생과 강상품행 여사의 6남 2녀 중 4남으로 출생, 보통학교를 졸업한 후 만18세에 김도훈과 결혼, 장래가 막연하자 주위의 권고로 1931년 21세시에 경찰시험에 응시 합격하였다. 바로 이리경찰서에 부임, 이리 역전파출소, 황등주재소를 전전하다가 1936년 북일주재소에 파견, 이후 5년간 불법연구회 내사를 전담하게 된다.

회고 '내가 내사한 불법연구회'

「원불교신문」에는 원기58년(1973) 제99호에서부터 총 19회에 걸쳐 황이천 선생이 쓴 '일정하 사찰 형사의 회고, 내가 내사한 불법연구회'란 생생한 산역사가 연재되어 있다.

황 순사는 당시 성실한 직업인이었다. 때문에 원불교 내사도 세밀하고 철저하였다. 밀령(密令)이란 밀령은 하나도 어기지 않고 조사하는데 열심이었다. 그는 회고에서 "밤으로는 담을 넘어다니면서까지 엿들어 가면서 정보수집에 열중하였다"고 고백하고 있다.

황이천은 그의 회고록에서 "나는 불법연구회를 감춰주거나 좋도록 허위 보고 한 일이 전혀 없다. 그렇지만 한 가지 내가 생각하여 주었다면 대종사께서 '이천, 내가 나이 먹은 사람이 새삼스럽게 그 황국신민서사를 배워 외우려하니 잘 안되고 곤란하니 예회 날 어찌하면 될까?' 하시어 '그러시다면 종법실에 계시다가 국민의례가 끝나거든 오시면 되지 않겠습니까? 그리하시죠." 그리하여 내가 총부에 있을 때는 반드시 법회에 국민의례가 끝난 뒤에 들어오셨다. 그게 무슨 큰일이냐고 웃을지 모르나 당시는 그만치 주의가 심했다."고 적고 있다.

또한 그는 회고록에다 해방 후 1947년 3월경 반민특위(反民特委)의 조사과정에서 "불법연구회에 가서 내 행동을 자상히 조사해 보라. 만일 나에게 정신적으로나 물질적으로 박해를 받았다고 하는 자가 있다면 나는 자결할 것이라고 말했다"고 적고 있다.

소태산 대종사의 사랑과 인품에 감복, 제자되고

1937년 3월, 백백교 사건이 발생하자 조선총독부는 이를 이유로 조선의 신흥종교 단체를 해산시킬 방침을 정하였다. 이리경찰서에서도 황 순사에게 더욱 철저하게 내사할 것을 지시하고 사복차림으로 불법연구회 회원들과 똑같이 생활하면서 그 비리를 찾아낼 것을 명령하였다.

황가봉이 처음 총부에 주재하여 회원들의 일거수일투족을 철두철미하게 감시하자 제자들이 모두 그를 악질 순사라고 미워하였다. 소태산 대종사는 그가 처음 올 때부터 미워하지 않고 다습게 대하였다.

"영리한 놈이다. 눈구멍이 사자 눈구멍이다. 다른 사람보다 나을 것이다."

황 순사가 상부의 지시에 따라 대종사를 찾아가 회원과 같이 생활할 것을 말하자, 소태산 대종사는 학복을 내주었다. 또 황이천 선생은 후일 회고담에서 법명 받은 내력을 이렇게 밝혔다.

"제가 이천이란 법명이 어떻게 나왔냐 하면, 그때 선방에 학복을 입고 머리를 빡빡 깎고 하선(夏禪) 결제식을 하는데 5, 6월 큰 선이었습니다. 종사님이 법설을 하러 올라가시어 말씀하셨습니다. 아, 그런데 턱 올라가시더니, '황 순사!' 하고 부르셔요. 저는 한쪽 구석에 앉아 있다가 '예' 하고 대답할 수밖에 없었지요. 대종사님은 '가봉이 이름 못써.' 손을 저으면서 '내가 이름 하나 지어줄테니 그렇게 부르라'면서 두 이(二) 자, 하늘 천(天) 자를 써서 '이천(二天)'이라고 지어주셨습니다. 그래서 얻은 법명입니다."

황 순사는 원기23년(1938) 무인(戊寅) 하선을 통해서 그의 심중에 어느 정도 변화가 있었던 점은 사실이다. 이

하선을 기해서 소태산 대종사도 "내가 이천이를 가르쳐 놔야 내가 편하게 생겼어"하며 친히 『대학』을 가르치기도 하였다.

이를 계기로 해서 대종사와 황 순사 사이에는 모종의 신의가 맺어지게 된다. 소태산은 종전처럼 그를 황 순사님이라고 깍듯이 부르지 않게 되고 다정한 제자로서 그의 이름을 부르게 되었으며 황 순사는 집안 어른을 모시듯 겸허한 자세가 되었다.

"이천아!" "예." "이천이를 상종해 봉게 무척 재주 있는 사람이야. 이천이도 봐서 내 직무를 알테지. 서투른 짓이 보이거든 이야기해 주게. 이천이 혼자 생각해서 보고하지 마. 잘못 보고하면 피차 큰일나지 않겠는가. 나하고 상의하고 보고해." "그러죠 머."

이렇게 하여 대종사가 일정하 조선인 순사 황이천을 제도하게 된 것이다. 이러한 사연을 약술한 내용이 다음과 같은 『대종경』 실시품 12장이다.

「형사 한 사람이 경찰 당국의 지령을 받아 대종사와 교단을 감시하기 위하여 여러 해를 총부에 머무르는데, 대종사께서 그 사람을 챙기고 사랑하시기를 사랑하는 제자와 다름없이 하시는지라, 한 제자 여쭙기를 "그렇게까지 하실 것은 없지 않겠나이까?"하니, 대종사 말씀하시기를 "그대의 생각과 나의 생각이 다르도다. 그 사람을 감화시켜 제도를 받게 하여 안 될 것이 무엇이리오." 하시고, 그 사람이 있을 때나 없을 때나 매양 한결같이 챙기고 사랑하시더니, 그가 드디어 감복하여 입교하고 그 후로 교중 일에 많은 도움을 주니 법명이 황이천(黃二天)이러라.」

황이천은 「원불교신문」을 통한 그의 회고록 말미에서 "대종사님의 덕상(德相)을 필설로는 다 기록 표현하기가 불가능하다. 그러나 대종사께서 친히 지도해 주시며 사가일과 장래까지도 염려해 주시던 일 등은 숙연이라 생각되고 그 막중한 은혜는 이루다 기록할 수 없다"고 적고 있다.

붕산 황이천 선생은 건강이 허락하는 순간까지 대종사

추모담과 일제치하 교단의 역사를 증언하다가 원기75년 (1990) 4월 1일, 81세를 일기로 열반에 들었다. 친딸인 황명신(黃明信) 교무가 전무출신했다.

※ '이천(二天)'이란 법명의 뜻

'이천'이란 법명에 대해 일제강점기 당시에 교정원장 송도성과 총부교무 유허일은 선후천의 의미라고 황 순사에게 들려주었으나, 황이천 선생 열반시 대산종사는 법문을 통해 "대종사님께서는 선생을 통해 회상의 무저항 비폭력의 원만한 일원의 진리를 몸소 보여주셨으며, 나아가 이천이란 법명을 주시어 장차 일본이 물러나가고 이 나라의 해방과 독립이 이루어질 것을 예시하시어 암담하고 참담하였던 국민에게 큰 희망과 굳센 용기를 갖도록 하였다"고 해석하였다.

〈출처〉『대종경 속의 사람들』(1996, 월간원광사, 송인걸)

황이천 선진 일생 재조명

정리 _ 장도영 교무

1. 황이천 선진의 일생 약력 재조명 동기

원기99년(1990) 모현교당에 부임하여 교도들을 파악하던 중 황이천 선진의 외손녀 이금성 교도가 있음을 알게 되었다.

모현교당에서는 매년 육일대재와 명절대재 때 교도와 관련이 있는 입묘인들을 예회보에 올려 왔었는데 유독 황이천 선진님만 빠져 있었다.

황이천 선진은 우리 교단과 대종사님을 감시 사찰하기 위해서 파견된 조선인 순사였지만 대종사님의 법력에 감화되어 원불교에 입교한 이후 일제의 조선 단체 특히 불법연구회 말살 정책에 맞서서 풍전등화와 같은 교단을 신심과 지혜와 용기로 지켜온 선진이었다.

특히 해방 후에는 총부와 전국 지방 교당을 순회하면

서 열반하기 전까지 대종사님의 추모담으로 수많은 교도들에게 신심을 고취시켜 왔었다고 한다.

우연한 기회에 알게 된 황이천 선진의 일생사는 신앙적으로나 교사적(敎史的)으로 귀감이 되고 있는 이 사안에 대해 이제라도 만시지탄의 한이 없지 않으나 오늘의 교단이 있도록 한 그 공로를 다시 재조명하여 그것에 합당한 예우로 기리 받들어 들이는 것이 우리 후진들의 도리라고 여겨진다.

2. 황이천 선진의 일생 약력 재조명 과정

황이천 선진의 여러 자료들을 찾아보았으나 전무하다시피 하였고, 단지 대종경 실시품과 몇 권의 책과 원불교 신문 연재와 제1대 성업봉찬회에서 출간한 "원불교 제1대 창립유공인 역사"라는 책에서 그 자취를 찾을 수 있었다.

황이천 선진의 일생은 일제와 해방과 조국 근대화 시기에 속하다보니 후진들은 황이천 선진의 일생을 알 길이 없고 단지 단편적으로 알뿐이며 원로 선진님들도 황이천 선진을 잘 아는 분이 몇 분에 지나지 않는 형편이다.

그래서 원티스 상에서 황이천 선진의 인적사항을 찾아 복원하고, 좌산 상사님, 경산 종법사님 그리고 원로 선진님 몇 분에게 자문을 구하였으며, 일제하의 교단수난사를 집필한 몇몇 교무들의 의견을 종합하여 '황이천 선진의 일생 약력'을 작성하게 되었다.

3. 붕산 황이천 선생 열반

민족의 좌절과 아픔으로 점철된 일제치하의 지난세월, 그 암울했던 역사의 수레바퀴 속에서 일경의 신분으로 불법연구회에 거주, 소태산 대종사의 인격에 감복하여 회향한 붕산 황이천 선생(사진)이 81세를 일기로 원기75년(1990) 4월 1일 새벽 3시경 진안 자택에서 열반했다.

이날 중앙총부에서는 소정의 회의를 통해 선생의 장의절차를 교회연합장으로 거행키로 하고, 4월 3일 오전 10시 진안교당에서 호법동지와 친지 및 유족들의 애도 속에 발인식이 엄수됐다.

대산종법사는 법문을 통해 붕산 선생은 무명과 깨달음으로 호법 봉도하였으니 그 공덕 참으로 크며 이 회상의 역사와 더불어 길이 빛날 것이라고 밝힌 후 대종사님께서는 선생을 통해 회상의 무저항 비폭력의 원만하나 일원의 진리를 몸소 보여주셨으며, 나아가 이천이란 법명을 주시어 장차 일정이 물러가고 이 나라의 해방과 독립이 이루어질 것을 예시하시어 암담하고 참담하였던 국민에게 큰 희망과 굳센 용기를 갖도록 하셨으니 이 또한 큰 공덕을 이루신 것이라고 추모했다.

이어 대산 종법사는 무명과 깨달음으로 호법 봉도하신 그 서원과 그 신성 다시 챙기시어 그 한마음 그대로 세세생생 대종사님 모시고 이 일하시어 대원정각 성취하시길 간절히 부탁한다며 고인의 영로를 밝혔다.

선생은 1910년 1월 20일 전북 완주군 조촌면 구중리에서 유학자이신 황준서 선생과 강상품행 여사 사이에 6남 2녀 중 4남으로 출생, 21세에 경찰에 투신해 첫 임지인 이리경찰서에 부임하여 대종사와의 지중한 인연을 맺은 후 불법연구회를 황도불교화하려는 위기의 상황에서 이를 적극 제지하는 등 『대종경』 실시품 12장에 선생에 대한 법문이 수록되어 있다.

대종사 열반 후 '사람만 믿지 말고 그 법을 믿을 것이요'라는 솔성요론 제1조에 바탕해 신앙생활을 해온 선생은 동산교당 창립에 헌신적인 정성으로 새로운 영생의 복전을 일구어 왔었다.

또한 붕산 선생은 건강이 허락하는 순간까지 대종사 추모담과 일제치하 교단의 역사를 증언했었다.

미망인 김도훈 여사와의 슬하에 둔 3남 3녀의 자녀가 있다.

〈출처〉 원불교신문 [594호] 1990년 4월 13일(금)

4. 표로 보는 자취

	주제	연대	내용	기타
1	일생	원기 전 6년 (1910. 1. 20.)	전북 완주군 조촌면 반월리에서 출생.	천하농판 243쪽
		원기16년 (1931)	순사 시험에 응시 합격.	
		원기21년 (1936. 10. ~ 1941. 4.)	신설된 북일주재소에 파견되어 5년간 불법연구회 사찰 담당.	
		원기75년 (1990. 4. 1.)	열반.	

	주제	연대	내용	기타
2	원불교와의 첫 인연	원기20년 (1935)	도산 안창호 선생이 총부를 다녀간 후 총부를 감시하라고 황 순사를 파견하다.	대종경 선외록 140쪽
		원기21년 (1936.10.)	황가봉과 고지마 교이찌 두 순사가 총부 구내에 설치된 북일주재소로 파견되다.	천하농판 225쪽
		원기22년 (1937) 하선 결제식	'二天'이라는 법명을 받다.	대종경 실시품 제12장
		원기23년 (1938) 하선	대종사 '내가 이천이를 가르쳐 놔야 내가 편하게 생겼어' 라고 하시며 친히 [대학]을 가르치다.	천하농판 246쪽
3	일제하 교단에서의 활동	원기21년 (1936) 하선	황 순사는 머리를 깎고 법복을 입고 대중 속에 끼어 결제에서부터 시작하여 대종사의 동정을 살피고 불법연구회를 감시하기 시작하다.	선외록 140쪽
		원기25년 (1940)	"형사를 파견하여 대종사와 교단을 감시하고."	교사 1093쪽
4	일제하 교단을 위한 활동	원기20년 (1935)	도산 안창호 선생이 총부를 다녀간 후 총부를 감시하라고 황 순사를 파견하였으나 후에 입교하여 교단을 수호하는 큰 몫을 하다.	선외록 140쪽

	주제	연대	내용	기타
4	일제하 교단을 위한 활동	원기23년 (1938.8.)	총독부 미쓰바시 경무국장 등이 '황은 위패'를 모시지 않은 것에 대해 대종사에게 힐문할 때 황순사는 '제가 내사 해 본 바로는 이 단체는 좋은 단체로 봅니다'라고 대답하다.	천하농판 240쪽
			경무국장이 '이 단체를 너에게 맡기면 옆 길로 가지 않게 할 자신이 있느냐?'고 황 순사의 의중을 떠 볼 때 '대단히 미급합니다만, 제게 맡기시면 농촌 진흥의 교화사업이나 정신 계몽에 유효적절히 이용할 가치가 있는 단체라 생각합니다.'라고 답변하여 경무국장을 안심시키다.	
		원기27년 (1942)	'보화당 처녀 살해사건' 투서로 '은부시자녀법'을 트집잡아 조사할 때 그것은 법연에 의거하여 조직되어 있는 것이지 친자녀처럼 동거하는 일이 없으니 의심할 것이 없다는 보고를 올리다.	천하농판 234쪽
		연대 미상	이렇게 밀착감시를 하는 과정에서 대종사님의 성자임을 점차 알게 되었고, 결정적으로는 대종사님의 불천노(不遷怒)하심을 보고 감동하여 입교하다. 그리하여 정보를 미리 주기도 하고, 보고도 아주 잘 해주는 등 호법주(護法主)가 되다.	생불님의 함박웃음 222쪽

	주제	연대	내용	기타
5	해방 후 교단과의 관계	원기32년 (1947.3.)	해방 후 반민특위에 체포되어 조사를 받을 때 "나는 불연 관계 대하여는 말 아니하겠으니 당신이 불연에 가서 내 행동을 자세히 조사해 보시오. 만일 나에게 정신적으로나 물질적으로 박해를 받았다고 하는 자가 있다면 나는 자결할 것이오."라고 하며 결백을 주장하다. 반민특위 제1국장 박문보가 불연을 실지 조사한 얼마 뒤에 유허일 등 총부의 여러 사람이 반민특위를 찾아와서 황가봉을 변호하여 주었다. "황가봉이 다른 방면의 죄에 대하여는 우리가 알 바 없으나 불법연구회 박해 운운은 어불성설이니, 신문이나 죄 주는 일은 취소하여 주시면 좋겠습니다"라고 하다.	천하농판 248쪽
6		원기32년 (1947.6.1.)	소태산 열반기념일을 당하여 정식(서류상)으로 입교 수속을 밟고 2남매를 출가 전무출신 하는 데 후원하다. 만년에 원불교 교도로서 신행을 돈독히 하고 총부와 각지 교당을 순회하며 '대종사 추모담'을 발표하고 「원불교신보」에 '일정하 사찰 형사의 회고 - 내가 내사한 불법연구회'란 제목으로 수기를 발표하다.	원불교신보 제99호부터 119호까지 19회 연재 (1973. 7. 10. ~1974. 5. 25.)

참고문헌

- 대산종사 수필법문
- 원광 105호
- 원불교신문 99호 ~ 119호
- 『천하농판』(원불교 초기교단사 5권, 박용덕 지음)
- 『대종경 속의 사람들』(1996, 월간원광사, 송인걸 지음)
- 『생불님의 함박웃음』(2009, 김정용 지음)
- 『주석 대종경 선외록』(2017, 서문 성 지음)

일정하 사찰 형사의 회고
내가 내사한 불법연구회(원불교)

두 하늘 황이천

인쇄	2017년 9월 15일 초판 1쇄 인쇄
발행	2017년 9월 19일 초판 1쇄 발행
엮은이	장도영
펴낸이	주영삼
책임편집	천지은
디자인	김지혜
펴낸곳	원불교출판사
출판신고	1980년 4월 25일 (제1980-000001호)
주소	전라북도 익산시 익산대로 501
전화	063)854-0784
팩스	063)852-0784

www.wonbook.co.kr

값 13,000원

ISBN 978-89-8076-302-3(03200)

잘못 만들어진 책은 구입처나 본사에서 교환해 드립니다.